Mente Criminal

JEFFREY DAHMER

EL CANÍBAL DE MILWAUKEE

INNOVANT PUBLISHING
SC Trade Center: Av. de Les Corts Catalanes 5-7
08174, Sant Cugat del Vallès, Barcelona, España

Director general: Xavier Ferreres
Director editorial: Pablo Montañez
Director de producción: Xavier Clos

Colaboran en la realización de esta obra colectiva:
Directora de márqueting: Núria Franquesa
Project Manager: Anne de Premonville
Office Assistant: Marina Bernshteyn
Director de arte: Oriol Figueras
Diseño y maquetación: Roger Prior
Edición gráfica: Emma Lladó
Coordinación y edición: Adriana Narváez
Seguimiento de autor: Eduardo Blanco
Redacción: Liliana Prieto
Corrección: Olga Gallego García
Créditos fotográficos: 12-13, ©Photo by Taro Yamasaki/The LIFE Images Collection via Getty Images/Getty Images; 40-41, ©Photo by Steve Kagan/The LIFE Images Collection via Getty Images/ Getty Images; 50-51, ©Album / z03-KPA-ZUMA; 60-61, ©AP Photo; 70-71, ©AP Photo; 89, Photo by Curt Borgwardt/Sygma via Getty Images; 98-99, ©Photo by Curt Borgwardt/Sygma/Sygma via Getty Images; 105, ©Daily Mirror; 121, ©Daily Mirror.

ISBN: 9781681658988
Library of Congress: 2021946874

Impreso en Estados Unidos de América
Printed in the United States

Índice

Capítulo 1

EL *SHOCK* DEL DESCUBRIMIENTO

Corrió con desesperación, sus piernas apenas le respondían. Tambaleándose, llegó a la puerta de salida para alejarse del edificio Oxford con toda la furia a cuestas. Había logrado escapar y, al parecer, él no lo perseguía. De todos modos, no podía confiarse. Aturdido por la experiencia que acababa de vivir, no podía dar crédito a lo que había sucedido. Temblaba de miedo y la ira recorría su cuerpo; sin duda, era una de las mejores motivaciones para no detenerse y apresurar el paso. Si se caía o flaqueaba en el intento, corría el riesgo de que Jeff se arrepintiera y fuera tras él para cumplir con sus amenazas.

Había pasado horas soportando el desprecio y el maltrato de ese hombre imprevisible que le había esposado una de sus muñecas. El frío metal todavía le golpeaba la mano al agitar los brazos, por lo que era difícil olvidar que las llevaba puestas. Continuó corriendo por North 25th Street en dirección a la avenida Kilbrourn. Pronto divisó los destellos azules y rojos de un coche de policía apostado en la bocacalle. Entonces le volvió el aire al cuerpo, respiró hondo y aumentó la velocidad dirigiéndose hacia él. Y sucedió el milagro: dos agentes de la policía de Milwaukee estaban dentro del vehículo.

Aunque no sentía gran simpatía por los uniformados, se convenció de que eran los únicos que podían salvarlo, quizá de la muerte. Reconocía que él no era un santo, pero el encuentro con un demente como Jeff resultó del todo inesperado. Su única salida era alertar a los agentes y pedir su ayuda.

Era una noche calurosa. Pese a faltar poco para la medianoche, no había refrescado lo suficiente y el aire era pegajoso. Los oficiales Rolf Mueller y Robert Rauth realizaban su ronda nocturna por aquel vecindario marginal y oscuro de casas humildes. Tal vez podrían haber ignorado a aquel hombre negro o sencillamente haberse burlado de él. Sin embargo, el par de esposas llamó su atención, al igual que su estado nervioso, casi desbordado. Pensaron que escapaba de un arresto, pero lo trataron bien y se interesaron por saber qué le estaba sucediendo.

Su nombre era Tracy Edwards, un afroamericano de 31 años, uno de tantos en la zona sur del condado. La falta de aliento y el pavor que no cesaba le impedían hablar con claridad. No paraba de gesticular, articulaba las palabras con torpeza y se enredaba en sus ideas. Parecía encontrarse en estado de *shock* y tuvieron que tranquilizarlo; entonces, explicó que un hombre había intentado reducirlo, colocándole las esposas. Lo había invitado a beber unas cervezas, pero de repente la situación dio un giro brusco y, de improviso, había cogido un cuchillo para matarlo. Estaba seguro de que la bebida que le dio contenía algo raro, porque se sentía somnoliento; probablemente, por el efecto de alguna droga. Su petición fue apremiante: debían ir al apartamento 213 del edificio Oxford e investigar qué ocurría allí. Había sido atacado y por poco no lo contaba.

Edwards tuvo suerte de llevar puestas las esposas porque despertó la curiosidad de los policías, que al cabo de un rato intentaron en vano retirárselas usando sus llaves para abrirlas. Sin embargo, esto no logró disminuir la agitación de Tracy, que hablaba compulsivamente, incapaz de guardar silencio. Un verdadero «monstruo» lo había amenazado con un cuchillo y le había asegurado que lo asesinaría y que luego se comería su corazón.

Sus palabras convencieron a Rolf Mueller y Robert Rauth, que, al ver al hombre negro fuera de sí, comprendieron que era preciso acudir al domicilio para buscar las llaves y, de paso, examinar el lugar. Se dirigieron a la vivienda. Era la medianoche del 22 de julio de 1991. A fin de cuentas, aquel hombre tembloroso aparecido de la nada en esa sofocante noche de verano merecía ser auxiliado. Caminaron hacia el 924 de North 25th Street. Aunque no las tenía todas consigo, Tracy estuvo de acuerdo en acompañarlos al apartamento donde había vivido cinco horas pavorosas antes de poder escapar.

Un hombre blanco de mediana edad les abrió la puerta. Tenía los ojos de un profundo color celeste y la rubia cabellera despeinada. Ante la visita de los dos policías, no tuvo más opción que permitirles pasar. Se mostró tranquilo y bien predispuesto para contestar las preguntas de rutina.

Hacía más de un año que vivía en el edificio; hasta hacía pocos días trabajaba en una fábrica de chocolate: Ambrosia Chocolate Co., pero acababa de perder el empleo. Respondía con parquedad. Enseguida admitió conocer a Tracy Edwards y ser el propietario de las esposas. Se sonrió sin dar explicaciones de por qué lo había hecho. Suponía que las llaves estaban en la habitación y las iría a buscar si esperaban.

Se llamaba Jeffrey Dahmer. El olor a alcohol que emanaba de su cuerpo se correspondía con su andar arrastrado, probablemente, debido a una pesada resaca y las horas sin dormir. Salvo ese detalle, no observaron en él mayores señales de peligro u hostilidad. La apariencia de la sala de estar era limpia y ordenada, excepto por la cantidad de latas de cerveza vacías, una botella de ron sin líquido alguno tirada sobre la mesa y una bolsa de papel arrojada al suelo. El aire del ambiente estaba enrarecido y resultaba casi irrespirable; en parte, por la gran cantidad de humo de cigarrillo, pero también debido a cierto tufillo hediondo mezclado con olor a desodorante. Un aire extrañamente perfumado que, sin embargo, era sumamente desagradable. A un lado de la sala había un acuario con peces exóticos, con el agua transparente, recientemente renovada, y plantas verdes que gozaban de vitalidad. Aquel acuario cuidado con esmero contrastaba nítidamente con ese aroma turbio que lo impregnaba todo. Evidentemente, se trataba de alguien que prestaba atención a sus mascotas.

Los agentes no observaron nada fuera de lo común en aquella sala amueblada con un sofá con algunas costuras deshilachadas, un sillón tapizado, alfombras y cortinas baratas. Nadie esperaba encontrar ninguna sofisticación en un apartamento ubicado en un barrio de trabajadores inmigrantes y población mayormente negra y latina. El decorado de la sala se completaba con la presencia de una planta de interior sobre una banqueta alta y un par de macetas en el alféizar de la ventana. A no ser por los cuadros de pinturas con formas extrañas y las fotografías de modelos masculinos colgados en la pared, el conjunto parecía acorde con cualquier vivienda de aquella vecindad situada en los márgenes del condado.

A Dahmer se le veía tranquilo. Con el fin de justificar que todo había sido un juego íntimo entre Tracy y él, iría a buscar las llaves de las esposas para liberar a su amante y dejar claro que nada de lo ocurrido tenía importancia. Inmediatamente, el agente Mueller resolvió ir detrás de él. Tracy Edward había mencionado insistentemente un cuchillo que el atacante habría empuñado en un intento de doblegarlo y, tal vez, efectivamente lo encontrara en el dormitorio, tal como el chico sostenía. Sería bueno dar con él. Mientras tanto Rauth se quedó en la sala junto a Tracy, quien seguía increpando al inquilino.

La habitación era francamente un caos. El aire estaba más viciado si cabe y dificultaba la respiración. En las paredes también lucían fotografías enmarcadas de desnudos masculinos, unas figuras esbeltas y musculosas en posturas sensuales. La cantidad de latas de cerveza consumidas arrojadas en los rincones se había multiplicado y un par de platos sucios apilados ocupaban la mesita de noche. Junto al televisor estaba el reproductor de vídeos. Sobre él, se apilaban decenas de vídeos pornográficos, entre ellos: *Cocktales, Chippendales: Tall Dark and Handsome, Rock Hard, Hard Men II, Hard Men III, Peep Show* y *Tropical Heat Wave*. La mirada de Mueller se detuvo en ese montón de estuches, entre los que identificó las portadas de dos películas conocidas: *El exorcista III* y *El retorno del Jedi*.

La ropa de cama estaba revuelta y dejaba al descubierto algunas partes del sucio colchón, plagado de manchas moradas producto de alguna salpicadura que había llegado incluso a la pared y a la funda de la almohada. Mueller supuso que eran de vino, dada la cantidad de alcohol que se consumía en aquel antro destinado a las juergas. Revisó debajo de la cama y, en efecto, un cuchillo grande yacía en el suelo. Edwards no les había mentido.

Dahmer apremió al policía cuando le entregó las llaves que habían ido a buscar. Ansiaba que se fueran de una vez. Sin embargo, quizá guiado por la intuición, quizá por la experiencia, Mueller continuó allí y siguió indagando. Un contenedor gigante de color azul que desentonaba con el resto del ambiente llamó su atención. Tuvo la intención de destaparlo, pero antes de llegar a hurgar en su interior se topó con un cajón de la cómoda semiabierto. Miró de refilón y eso le bastó para detenerse. El cajón contenía una colección de fotografías instantáneas de cuerpos de hombres desnudos. Al coger algunas del montón, su mirada se endureció. El policía empezó a alarmarse.

Las imágenes insinuaban algo aberrante: no solo se trataba de hombres durmiendo y posando ante la cámara de un amante obsesivo; se observaban cuerpos mutilados, algunos eran cadáveres abiertos en canal y otros, torsos decapitados. Conmovido hasta las vísceras, Mueller llamó con urgencia a su compañero para esposar al sospechoso y pedir refuerzos. Ese intrigante hombre de intensos ojos azules ocultaba algo muy serio y quería zafarse. En un primer momento opuso resistencia e intentó desprenderse de los agentes, aunque el forcejeo fue breve. Gritó con todas sus fuerzas, pero pronto se dejó esposar y, finalmente, lo inmovilizaron colocándole las manos a la espalda. Mientras Dahmer yacía en el suelo debajo de Rauth, volvió la cabeza hacia los oficiales y murmuró: «Merezco estar muerto».

Tras pedir refuerzos, los agentes Rauth y Mueller pudieron identificar el origen del mal olor al revisar la cocina y abrir la nevera. Una cabeza mutilada de un hombre negro ocupaba el primer estante. Y la caja abierta de bicarbonato de sodio apenas absorbía los olores de la cabeza en descomposición. Al abrir el congelador, vieron diversos paquetes envueltos en bolsas de plástico e imaginaron que podrían contener restos de órganos desmembrados. Azorados, tensos por la cruenta circunstancia de la que estaban siendo testigos, Mueller y Rauth decidieron esperar la llegada de las fuerzas de seguridad que se encargarían de continuar investigando la vivienda. Se encontraban ante un escenario plagado de pruebas. Sin duda, era precisa la asistencia de unidades especiales y de un equipo forense para extraer muestras y realizar análisis. Solo así se alcanzarían a desentrañar los acontecimientos acaecidos en el interior de aquella casa.

Con el correr de las horas, se revelaron nuevos hallazgos. En la cocina había un congelador vertical; allí encontraron tres cabezas humanas más, resultado de sendas decapitaciones, y una bolsa de plástico que contenía un torso humano. Atascado por la acción del hielo, en el fondo del aparato asomaba otro envoltorio de plástico cuyo contenido parecía incluir carne y órganos humanos. Cuando indagaron cuál era el contenido del barril azul cerrado con la tapa negra hermética, descubrieron en él tres torsos humanos más sumergidos en ácido, en pleno proceso de descomposición. El médico forense que dirigía la inspección ordenó sellar los artefactos y retirarlos con su carga para realizar un examen detallado. Consideró de inmediato que era un material contaminante y ordenó que estos hallazgos fueran retirados por una unidad especial del cuerpo de bomberos preparada para la recolección de residuos peligrosos.

Los informes del FBI dan cuenta de la minuciosa búsqueda llevada a cabo por la Oficina de Investigación Criminal para establecer la identidad de aquellos restos humanos encontrados en el interior del apartamento 213. Comenzaron por la cabeza decapitada descubierta en la nevera. Estaba colocada dentro de una caja de cartón y mirando hacia arriba, ubicada en el estante inferior. Basándose en sus rasgos faciales, iniciaron la búsqueda para

El apartamento de Jeffrey Dahmer, sellado por el Departamento de Policía para preservar las pruebas durante la investigación.

213

proceder a la identificación. Como en el congelador había restos embolsados de diferentes órganos, debían averiguar si todos pertenecían a la misma víctima. Dos envoltorios contenían un corazón, y un tercero, la porción de un músculo.

El recuento de restos humanos parecía no acabar. Cada rincón de la vivienda escondía nuevos fragmentos óseos o trozos de carne humana tratados con químicos para poderlos conservar. La pesquisa se prolongó durante horas. Se encontraron un total de siete cráneos. Algunos estaban barnizados, y otros, meticulosamente blanqueados. El conjunto fue hallado en la habitación, dentro de un armario de metal situado al lado de la cama, cuyo sistema de seguridad reforzado impedía que alguien pudiera hurgar en él. Cuando los especialistas lo abrieron, descubrieron tres cráneos humanos encima de una toalla en un cajón superior. Después del estudio del médico forense, se informó que habían sido tratados con una técnica precisa que les proporcionaba una apariencia similar a la del mármol. Por su parte, el cajón inferior del mismo armario contenía un esqueleto humano completo blanqueado, con las numerosas partes unidas con pegamento. Junto a los huesos, se registraron dos bolsas de papel: una contenía los restos secos de cuero cabelludo y la otra, un conjunto de genitales momificados.

Cuando revisaron un segundo armario colocado en el pasillo, los investigadores descubrieron otro esqueleto y varios pares de manos cortadas, a lo que se sumó el hallazgo de órganos genitales inmersos en cloroformo y almacenados en frascos de vidrio. El examen forense arrojó un total de 11 víctimas.

La documentación desparramada por el piso superior u oculta en un cajón fue de gran ayuda para contribuir a la identificación de los cadáveres. Se trataba de tarjetas o carnés de conducir que aportaban datos sobre la presunta identidad de esos cuerpos. Pertenecían a ciudadanos estadounidenses, en su mayoría jóvenes negros, de poco más de 20 años.

Un carné de identidad a nombre de Oliver Lacy; un carné de conducir de Wisconsin, de Tony Hughes, y otro de Joseph Bradehoft, de Illinois, sirvieron de guía en la ardua tarea de determinar la procedencia de los cuerpos o de lo que, dramáticamente, quedaba de ellos.

Asimismo, se examinaron las dentaduras y las huellas digitales cuando fue posible hacerlo. ¿Podría coincidir el rostro fotografiado del carné de identidad con algunas de las cabezas cortadas descubiertas en la nevera y el congelador? Por esta vía, al comparar la imagen del documento con la cabeza decapitada guardada en la nevera, se comprobó que correspondía a Lacy. Además, conjeturaron que uno de los corazones y un esqueleto también podrían pertenecerle. Este descubrimiento precipitó la acusación a Dahmer por el crimen de Oliver Lacy. Cada nuevo hallazgo realizado en el 213 del edificio Oxford superaba la capacidad de asombro. ¿Necrofilia? ¿Antropofagia? ¿Habían detenido a un asesino en serie? Cualquiera de esas alternativas no parecía imposible y, desde el minuto cero, cada uno de los restos del apartamento de Jeffrey Dahmer acrecentaba la excitación social. Según transcurría el tiempo, los reporteros gráficos y las cámaras de televisión sitiaron los alrededores del edificio para obtener las primicias acerca del hombre que la policía acababa de detener.

Los bidones con productos químicos presentes en aquel escenario estaban distribuidos por la cocina y el armario del pasillo. Eran cajas con ácido clorhídrico, recipientes que contenían éter o cloroformo, y una garrafa grande de lejía. Muy pronto estos hallazgos alimentaron sospechas de un hecho tremendo, ya que daban cuenta del tratamiento llevado a cabo con los cuerpos en busca de que se disolviera la carne y quedaran limpios los huesos. Los guantes resistentes al ácido y las seis cajas de limpiador Soilex encontrados apuntaban en la misma dirección, mientras que el incienso y los desodorantes habían sido usados con la intención de ocultar los olores de la descomposición.

La imaginación y el razonamiento lógico conducían a similares conclusiones. Las piezas de un oscuro rompecabezas empezaban a unirse. Todo lo que se agregaba a la investigación avivaba la fantasía y al mismo tiempo horrorizaba. La sierra de mano de gran tamaño, el taladro eléctrico de 10 mm y las brocas de 1,6 mm encabezaban la larga lista de herramientas utilizadas; una prueba más de las maniobras realizadas por un pervertido que convivía con los muertos. La policía catalogó en detalle cada objeto. Un martillo de garra y una aguja hipodérmica formaban parte de la misma lista. No obstante, algunos elementos tenían un significado que sería revelado mucho más tarde.

Además de los asesinatos de los que sería acusado, Dahmer había practicado trepanaciones a algunas de sus víctimas estando inconscientes. Sirviéndose del taladro, agujereaba los cráneos mientras dormían, luego vertía una solución de ácido clorhídrico en el orificio.

Al doloroso inventario de los vestigios humanos, los químicos y la documentación, se agregó otro listado. No era lo único. Paralelamente, se efectuó la recolección de objetos en apariencia inofensivos: una pila de dibujos y unos cuantos libros. Entre ellos, ante tanta aberración, resaltaba por contraste: la versión King James de la Biblia en convivencia con escritos de divulgación científica u otros orientados a desentrañar los misterios de la religión, como *The Genesis Flood* o *The Bible, Science, and the Age of the Earth*. Unas cintas de audio explicaban los secretos de la numerología y el Triángulo Divino; a la vez, otra serie de cintas y libros se encargaban de la enseñanza del latín.

La tarjeta de la biblioteca con el nombre de Jeff Dahmer permitía inferir una personalidad curiosa y con gran interés por las ciencias ocultas. Desde el esoterismo a las creencias cristianas, el cerebro de Dahmer era capaz de proyectar planes impensables para el resto de los mortales. Entre los papeles observados, generó particular inquietud un dibujo a lápiz, una suerte de boceto delineado con trazo infantil, cuyo significado explicó posteriormente el propio Dahmer. Era la representación de un templo que estaba a punto de construir cuando fue detenido.

Las puertas del número 213, tanto la de acceso como las interiores, estaban aseguradas con múltiples cerraduras y un sistema de alarma, al igual que los armarios. Según explicó el propio Dahmer tiempo después, las había instalado para evitar ser descubierto y poder salvaguardar los cadáveres, fuente de gratificación sexual y alimento de sus deseos.

Cuando lo detuvieron, todavía quedaban por desvelar muchos crímenes, ya que con el trascurso de la investigación la cantidad de víctimas aumentó. Y, si bien en una primera instancia Dahmer negó ser el responsable de la muerte de todas ellas, la evidencia desplomó sus expectativas de mantener el engaño. Finalmente, confesó 17 asesinatos desde su primera víctima, en 1978.

Aquel verano de 1991, su compulsión por la búsqueda de placer sexual en un juego erótico con los muertos y su escalada asesina del último año quedarían desactivadas para siempre. Había construido una doble vida. Acostumbrado a esconder las pruebas de sus cacerías nocturnas, su habilidad para mentir le había permitido sortear cada vez las preguntas del administrador del edificio, quien se quejaba del mal olor que despedía su hogar. Los vecinos tampoco habían visto nada que los hubiera alarmado demasiado, excepto el alcoholismo, que era muy evidente, y la vida promiscua de un homosexual que hacía entrar a sus invitados por la puerta trasera del edificio.

Aquella noche, centenares de fotos Polaroid fueron registradas como pruebas de uno de los casos de asesinatos en serie más sonados de las últimas décadas. Un caso que acaparó la atención de todos los rotativos y cadenas de televisión estadounidenses. Las imágenes documentaban el horror de un trabajo de disección perfecto efectuado sobre cuerpos humanos. Si bien en algunas fotos el modelo estaba vivo mostrando poses provocativas, en un gran número de ellas se veía en primer plano el resultado de un descuartizamiento o los órganos extraídos, particularmente, el corazón y los genitales. La manipulación realizada en los cuerpos provocaba consternación.

Tracy Edwards solía decir que Dios lo había enviado a detener una cadena de hechos aberrantes. Paradójicamente su última víctima, Tracy Edwards, sería detenido más tarde por la policía de Mississippi como consecuencia de una denuncia por agresión sexual a una menor.

La historia de Dahmer y el inventario de su apartamento rápidamente ganaron notoriedad. Los perturbadores crímenes se habían perpetrado en el más absoluto anonimato. Nadie había echado en falta a las víctimas mortales ni establecido ningún vínculo entre ellas y el solitario asesino. En un clima de conmoción y estupor, los medios de comunicación no comprendían cómo era posible que Jeffrey Lionel Dahmer hubiese campado a sus anchas sin ser descubierto, mientras asesinaba brutalmente a 17 jóvenes.

El descubrimiento que hicieron los agentes del Departamento de Policía de Milwaukee en el apartamento 213 del edificio Oxford que comenzó con el hallazgo de un simple cuchillo derivó en un esclarecimiento perturbador: aquella noche del 22 de julio de 1991 pondría punto final a una escalada de asesinatos. Las fotografías encontradas se convirtieron en las primeras pruebas de los horrendos crímenes perpetrados por Jeffrey Dahmer, que más tarde sería apodado «el Carnicero de Milwaukee».

Capítulo 2

¿UNOS TÍMIDOS INICIOS?

Conforme se iban conociendo más detalles de los crímenes de Jeffrey Dahmer a partir de su arresto, una ola creciente de indignación alteró el ánimo de una ciudad, cuya seguridad se revelaba meramente aparente. La mayoría de las víctimas eran afroamericanos o extranjeros, y casi todos homosexuales. En general, provenían de los barrios más pobres de Milwaukee. Después de la detención, se supo que habían sido considerados «desaparecidos», sin que mediara una investigación enérgica, ni siquiera había existido una tentativa de relacionar una desaparición y otra.

La comunidad afroamericana quedó tremendamente herida al enterarse de que 11 de los jóvenes asesinados eran negros y apuntó directamente contra las fuerzas del orden por el escaso interés en salvaguardar la vida de los suyos.

Un sentimiento de perplejidad profunda se respiraba en la ciudad. La inoperancia del sistema de seguridad para descubrir al criminal fue la llama que encendió la mecha y enardeció a los concejales más radicalizados en la lucha por los derechos civiles, hasta el punto de exigir las renuncias del alcalde, John O. Norquist, y del jefe de policía, Philip Arreola, algo que jamás ocurrió.

La indefensión de los más débiles

El caso de un asesino de raza blanca que elegía a jóvenes negros para satisfacer sus apetitos sexuales avivó los resentimientos de una sociedad ya agrietada. A pesar de la lucha iniciada en los años 60, quedaba mucho por reclamar para corregir la desigualdad racial. En este sentido, las estadísticas mostraban un alto índice de homicidios entre la población negra cometidos por los propios agentes de seguridad. La libertad de acción de la que había gozado el «Caníbal» —así llamaban ahora al asesino de Milwaukee— y que le había permitido dejar un rastro de 17 víctimas dejaba claro que la policía no había obrado precisamente con mucha diligencia. Había tenido la oportunidad de atraparlo y no lo había hecho.

La segregación era extrema en el condado de Milwaukee (en el estado de Wisconsin), una de las poblaciones con mayores tensiones raciales de Estados Unidos. En la zona norte de la ciudad, se asentaban los barrios de ciudadanos afroamericanos, un 15% del total de los habitantes, mientras que en el sur vivían los blancos. Las desigualdades laborales eran patentes y la tasa de desempleo entre los negros superaba el 25%. Sus sueldos eran muy inferiores a los de los blancos, quienes, además, eran los preferidos a la hora de ser seleccionados para un trabajo. Estas mismas desigualdades se observaban en el terreno académico, especialmente en el acceso a las universidades, y en el de la vivienda, ya que la ausencia de oportunidades para obtener créditos bancarios para comprar una era absoluta.

El caso Dahmer no solo puso en primer plano las problemáticas de las minorías étnicas en el Milwaukee de aquella época, sino que también mostró lo desprotegida que se encontraba la comunidad homosexual en aquel período. En efecto, la indiferencia policial se acentuaba aún más cuando se trataba de desentrañar hechos delictivos que podían suscitarse en el clandestino ambiente gay. Ser homosexual era una «desviación» ante los ojos de la ley y lo que sucediera puertas adentro de una casa particular a nadie le importaba; aunque estuviera en riesgo la vida de alguien, incluso de un menor. Es más, de manera incipiente, en los estratos sociales más altos empezaba a surgir un silencioso culto alrededor de Dahmer, el «héroe» que se dedicaba a asesinar a esos «maricas», desviados y pervertidos, que lo único que hacían era manchar el buen nombre de la ciudad.

Según el color y las tendencias sexuales, un ciudadano podía convertirse en una amenaza. ¿Quién se tomaba la molestia de buscar en Milwaukee a una larga serie de jóvenes negros desaparecidos, y además gays? Sin embargo, la homofobia y el racismo podían hacer sucumbir a toda la sociedad en un reguero de sangre. A la creciente indignación de las minorías, se sumaba la evidencia de los privilegios de que gozaban los blancos, amparados por el comportamiento policial, las complicidades de los políticos y el racismo del poder judicial.

Algo estaba claro: la tensión iba en aumento y todo aquello podía estallar en cualquier momento. La indignación iba en aumento, y el malestar se recrudeció cuando se conoció la composición del jurado que decidiría la culpabilidad o la inocencia de Dahmer, en una proporción de 13 blancos... ¡y un negro! Muy pronto comenzaron las marchas de protesta frente al Ayuntamiento y la Jefatura de Policía, al tiempo que una multitud acompañaba a los familiares de las víctimas en las vigilias encendiendo velas y hermanándose con su dolor.

Más allá de la movilización social que desató el caso Dahmer y la apreciación de las minorías, al recordar este difícil caso muchos años después, Robert Kenneth Ressler, el agente retirado del FBI especializado en criminales violentos, explicó que los fallos del sistema de seguridad que habían posibilitado la escalada de asesinatos obedecían al escaso conocimiento de los cuerpos policiales acerca del análisis conductual, ya que no estaban entrenados para detectar las anomalías propias del comportamiento criminal. Desde su punto de vista, en aquel momento se ignoraba el método requerido para encarar con éxito la investigación de un asesino en serie.

El estreno

Dahmer cometió su primer crimen el 18 de junio de 1978, a la edad de 18 años, tres semanas después de su graduación. En esa época, vivía solo en la casa de su familia en Bath, Ohio. Su madre, Joyce, y su hermano David habían abandonado el hogar, mientras que su padre, Lionel, estaba residiendo en un motel cercano. El matrimonio atravesaba un duro proceso de divorcio y la incomunicación con su hijo mayor se había agudizado. Como Jeff era mayor de edad, no requería custodia y había quedado librado a su propia suerte, en plena separación, permaneciendo en la vivienda. Jeffrey pasaba muchas horas en soledad; a veces, el día entero y, para disipar el sentimiento de vacío, se entregaba a fantasías eróticas. Era muy frustrante no poder conocer a alguien con las mismas preferencias sexuales que él en la vida real. Ningún joven en Bath se atrevía a hablar de la atracción que él experimentaba hacia otros hombres.

Le gustaba beber hasta el cansancio y salir con el coche. Le encantaba imaginar que iba por la carretera y recogía a un autoestopista. Un hombre musculoso y atractivo. Entonces bebían y se acariciaban. Le daba por pensar que sería capaz de matarlo para retenerlo a su lado, eso lo excitaba; entonces, se masturbaba. Creaba en su mente la misma escena una y otra vez, agregando detalles estimulantes en los que su amante se quedaba junto a él para siempre. Hasta que finalmente encontró la oportunidad de materializar estos deseos.

Eran las primeras horas de la mañana de un domingo soleado. Dahmer regresaba de Cleveland, donde había estado bebiendo hasta la madrugada. De casualidad, de camino a su casa, vio a un hombre con el torso descubierto haciendo autostop en la carretera. Se puso nervioso. Dudó en recogerlo y pasó por delante de él sin detenerse. Avanzó algunos metros, puso el pie en el freno y observó al joven por el espejo retrovisor. Tenía una silueta delgada, la piel de un tono oliváceo y un exuberante cabello oscuro; el sol lo iluminaba destacándole la musculatura. A Dahmer le bastó aquella imagen para cambiar de parecer. Dio marcha atrás y bajó la ventanilla.

El muchacho se llamaba Steven Mark Hicks y en cuatro días cumpliría 19 años. Se dirigía a un festival de rock en Lockwood Corners. Dahmer volvió a dudar, pero le atraía demasiado, y sin pensar más lo invitó a su casa a fumar hierba y beber unas cervezas. Los dos se sonrieron y el joven aceptó. Se quedaría un rato y más tarde continuaría el viaje. Abrió la puerta del coche y subió.

Jeffrey llevó al invitado directamente a su habitación y se entretuvo con él escuchando música. Disfrutó especialmente que Steven cogiera las pesas que Lionel Dahmer había regalado a su hijo. Probó con un brazo y luego con el otro. Los músculos se hinchaban y se volvían a estirar en cada flexión. Sudaba, y las gotas de transpiración comenzaron a deslizarse por su piel. El colgante que llevaba parecía adherirse a su cuerpo. Semidesnudo como estaba, Dahmer no podía quitarle los ojos de encima. Estaba excitado y deseaba tener sexo con él.

Sin poder contenerse, Jeffrey le hacía insinuaciones cada vez más acaloradas; pero Hicks rechazó la oferta y empezó a sentirse incómodo. Le contó que tenía novia, para que quedara claro que le gustaban las mujeres y no los hombres. Dahmer se decepcionó con esa respuesta y comprendió que Hicks se despediría de un momento a otro. Sin embargo, redobló la apuesta con sus insinuaciones, incitándolo a tener con él una experiencia diferente. Esta actitud provocadora apresuró la decisión de Hicks de marcharse, pero ya era tarde. Ante un inminente adiós, Dahmer sintió un pánico repentino y, llevado por su impulsividad, se acercó a Hicks por detrás para golpearle la cabeza y evitar que se fuera. Inmediatamente, el cuerpo cayó derribado e inconsciente. Siguiendo el mismo impulso, Dahmer avanzó sobre él para asfixiarlo con las mismas pesas. Se detuvo unos minutos, luego lo desvistió y contempló su entera desnudez. Estaba maravillado, entonces se masturbó y copuló con el muerto.

Se desconocía. Estaba horrorizado y temió que lo descubrieran. En la entrevista que años más tarde el agente del FBI Robert Kenneth Ressler le haría en la cárcel, Dahmer terminaría relatando los pasos que siguió para deshacerse del cadáver.

Según sus palabras:

> —Estaba muy asustado por lo que había hecho. Anduve un rato por la casa de un lado para otro. Al final me masturbé.

> Más tarde bajé el cadáver al sótano. Me quedé allí, pero no me podía dormir, por eso volví a subir a la casa. Al día siguiente tenía que pensar en una manera de deshacerme de las pruebas. Compré un cuchillo de caza. Por la noche bajé al sótano, le abrí el vientre al cuerpo inerte y me masturbé otra vez. Luego le corté un brazo. Luego todo el cuerpo en pedazos. Metí cada trozo en una bolsa y después todo en tres bolsas grandes de plástico para la basura. Cargué las bolsas en la parte trasera del coche y me fui a tirar los restos a un barranco, a 15 km. Eran las tres de la madrugada. Iba por una carretera secundaria desierta y, a mitad de camino, me paró un policía por ir demasiado a la izquierda. El agente pidió refuerzos. Eran dos. Me hicieron la prueba de alcoholemia. La pasé. Iluminaron el asiento trasero con la linterna, vieron las bolsas y me preguntaron qué era. Les dije que basura, porque cerca de mi casa no había ningún vertedero. Me creyeron a pesar del olor. Solo me pusieron una multa por circular demasiado a la izquierda y volví a casa.

Sobrepasado por el miedo, Dahmer regresó a su casa con las bolsas, que depositó en el sótano. Después, cogió la cabeza, la lavó, la puso en el suelo del cuarto de baño y se masturbó. Volvió a guardarla con el resto de las bolsas. Quemó la ropa de Hicks y a la mañana siguiente escondió los paquetes debajo de la casa, en una tubería de desagüe de unos 3 m de longitud bajo tierra. Para terminar, aplastó la boca de la tubería hasta cerrarla.

Durante dos años y seis meses los restos descansaron allí, hasta que un día vio a unos niños merodeando en el terreno y resolvió sacarlos. Como si quisiera concluir limpiamente el trabajo, rompió los huesos para desparramar el polvillo en el bosque detrás de la casa y acabó por arrojar el colgante de Hicks a un río.

Nada sería normal desde entonces.

«Hechos así contaminan toda tu vida», le dijo Dahmer a Ressler. Esperaba ser detenido inmediatamente después del asesinato y durante las siguientes semanas se dedicó a revisar en las noticias de la prensa local si había una denuncia por la desaparición del chico. A medida que trascurrían los meses, al constatar que nadie lo buscaba como sospechoso, se acostumbró a vivir sin sobresaltos y dejó de esperar que lo atraparan. En definitiva, ¿por qué podrían relacionarlos? Si no se conocían con anterioridad, ni eran amigos, y además había convertido el cadáver en un montón de pedazos. ¿Y el cráneo? No podía desprenderse de él, eso era lo último que haría.

La lucha interior

Decidió dejar atrás el episodio. La experiencia de matar lo había asustado y se prometió que algo así no iba a suceder de nuevo. Tras el asesinato, Jeff se entregó al alcohol con desenfreno. Su padre se había vuelto a casar y la convivencia con su nueva esposa no era de las mejores. Para darle la oportunidad de encaminarse, resolvieron enviarle a la Ohio University y probar si estudiar Administración de Empresas lo enderezaba. Sin embargo, Jeffrey fue expulsado por alcohólico antes de terminar el primer semestre. Sin saber qué hacer, su padre le propuso enrolarse en el ejército y, en enero de 1979, viajó a la base militar Fort McCleallan en Alabama, donde llevó a cabo un duro entrenamiento. Después sería destinado a una base en Alemania para realizar tareas en una unidad médica de combate.

En Europa, Dahmer fue burlando poco a poco la rutina militar y, debido a la bebida y las drogas, su comportamiento se tornó impredecible y bastante agresivo. A inicios de 1981, sin mayores esperanzas de disciplinarlo, las autoridades del ejército determinaron darlo de baja por no adecuarse a las normas militares. Por desgracia, no entrevieron que la conducta de Dahmer resultaría igualmente peligrosa para la vida civil.

A la deriva nuevamente, Jeff decidió independizarse de su padre e instalarse en Miami, Florida. La aventura duró poco. Sin trabajo ni lugar donde dormir, pronto se puso en contacto de nuevo con su padre para que le ayudara. De regreso a Bath en septiembre de 1981, se fue a vivir con su padre y su madrastra, Shari Shin Dzhorzhan, e insistió en que se le delegaran numerosas tareas para ocupar su tiempo mientras buscaba trabajo. Pese a estas buenas intenciones, continuaba bebiendo de manera abusiva y generando conflictos debido a su carácter.

Dos semanas después de su regreso de Florida, el 7 de octubre de 1981, Dahmer fue arrestado en el hotel Ramada Inn por embriaguez, desorden en la vía pública y resistencia ante la policía. Fue multado con 60 dólares y sentenciado a diez días de prisión. Cuando recuperó la libertad, el padre intentó ayudarlo a dejar la bebida y le acompañó a los grupos de Alcohólicos Anónimos. El intento fue en vano: Jeffrey simulaba asistir a las reuniones, que abandonaba al poco rato para irse por ahí.

Un par de meses después del arresto, ante la impotencia de no poder ayudar a su hijo, Lionel Dahmer resolvió enviarlo a casa de su abuela, en West Allis, un pueblo de los alrededores de la ciudad de Milwaukee. Esta decisión parecía la más conveniente. Tenía la expectativa de que Catherine Jemina Hughes resultaría una buena influencia para su nieto y que podría reformarlo, ya que existía un gran afecto entre ambos.

Parecía que las aguas se habían serenado. Jeffrey bebía menos y colaboraba con su abuela en los quehaceres domésticos. Sin poder compartir con nadie sus secretos, luchaba para reprimir la atracción que sentía por los hombres e intentaba contener el deseo y la ansiedad que esta le provocaba. Para entretenerse, se le antojaban distintas ocurrencias. Se había comprado una Magnum 357, que usaba para tiro al blanco, y que su padre le retiró nada más enterarse. Luego, consiguió un empleo haciendo extracciones de sangre para el Centro de Plasma Sanguíneo de

Milwaukee. A escondidas, hurtó un recipiente con sangre con la idea de bebérsela. Tras probarla, comprobó que la experiencia no le resultaba interesante y no volvió a repetirla.

Jeffrey logró mantener el empleo diez meses, tras los cuales fue despedido, seguramente debido a su segundo arresto. Este tuvo lugar el 7 de agosto de 1982, en el Wisconsin State Fair Park, un popular centro de atracciones donde dejó caer sus pantalones delante de un grupo de mujeres y niños. Detenido por exhibición obscena, fue condenado y multado con 50 dólares, más los costos judiciales. Lionel Dahmer pagó la multa.

A pesar de todo ello, la convivencia con su abuela mostraba señales positivas: se sentía más aplacado, como si realmente se estuviera rehabilitando. Frecuentaba la biblioteca pública y allí ocupaba las horas leyendo. Pero el frasco donde contenía sus deseos era frágil y una pequeña contrariedad podía resquebrajarlo. El golpe de gracia lo dio un desconocido que, al pasar por su lado, le arrojó una nota ofreciéndole realizar una felación. Aunque Dahmer no respondió a la invitación, el incidente despertó las fantasías eróticas que venía refrenando y fue el empujón indispensable para empezar a ir a bares gay. Evidentemente, hacía estas escapadas nocturnas a espaldas de la abuela, con la que continuaba viviendo. Hacia finales de 1985, descubrió las saunas gays y los *sex shops*. El instinto reprimido se había despertado de nuevo.

Alteración del orden público y exámenes psicológicos

Empoderado por la bebida, era de prever que se repetirían episodios de conducta inadecuada y disruptiva e, incluso, que reincidiera en un hecho criminal de alcance fatal. El 8 de septiembre de 1986 fue arrestado por masturbarse frente a dos niños de 12 años en los alrededores de Kinnickinnic River Parkway, un parque situado en un barrio residencial de Milwaukee. Aquel día dos vecinos, Richard Kohn y John Ostland, informaron a la policía sobre la presencia en el parque de un hombre masturbándose, cuya descripción correspondía con la de Dahmer. A raíz de ese aviso, fue acusado de exhibicionismo y comportamiento obsceno. Si bien admitió el delito, rápidamente cambió su historia y afirmó haber estado orinando sin haberse percatado de la presencia de otras personas. Era un estratega dando excusas y logró que el cargo se modificara por el de conducta desordenada. El 10 de marzo de 1987 fue sentenciado a un año de libertad vigilada, un régimen por el cual debía cumplir un programa de actividades que ayudasen a su reinserción social. Además, tenía la obligación de someterse a sesiones psicológicas por desviación sexual y ausencia de control de los impulsos. La psicóloga clínica Dra. Evelyn Rosen le hizo de inmediato dos tests escritos para elaborar un diagnóstico. Uno de ellos era el Examen de Millon, en el que debía encerrar en un círculo aquellas expresiones con las que se identificara porque reflejaban su estado de ánimo. Las seleccionadas causaron alarma:

> «Últimamente, he comenzado a sentirme solo y vacío.»
> «Las ideas siguen dando vueltas en mi mente y no desaparecen.»
> «Me he desanimado y, recientemente, la vida me resulta triste.»
> «Mirando hacia atrás en mi vida, sé que he hecho sufrir a otros tanto como a mí.»
> «Sigo teniendo pensamientos extraños de los que desearía poder deshacerme.»

Como Jeff Dahmer no cooperaba, las reuniones con la Dra. Rosen se tornaron inviables. A medida que pasaba el tiempo, se mostraba más reacio a compartir sus sentimientos y, finalmente, se negó a hablar con la terapeuta, dándole la espalda durante las sesiones. No obstante, además del asesoramiento de la Dra. Rosen, por orden del tribunal debía asistir al Departamento de Psicología Clínica de la Universidad de Wisconsin para realizar nuevas evaluaciones con la Dra. Kathy Boese. Tras evaluarlo, en su informe, la especialista destacó las dificultades del paciente para expresar las emociones, su negativa a aceptar que otros le dijeran qué hacer (no aceptaba la autoridad) y el sentimiento de frustración dominante. Para la doctora, lo peor de todo era que sus objetivos en este mundo, aquello que esperaba lograr, no resultaban congruentes con la realidad.

El caso Sinthasomphone: suena la alarma

El deseo de Jeff de buscar la compañía de otros hombres siguió en aumento y acabó por repercutir en la convivencia con su abuela. Finalmente, esta le pidió que se marchara de su casa en agosto de 1988. Durante un breve período vivió solo en un piso situado en el número 808 de North 24th Street, en Milwaukee, hasta que volvió a ser arrestado. Esta vez se le acusaba de abordar a un menor, Somsack Sinthasomphone, un chico laosiano de 13 años. De cacería, rondando por una escuela, Dahmer se acercó a Somsack y le ofreció 50 dólares si lo acompañaba y le permitía tomarle unas fotos. Ya en su apartamento, le sirvió una mezcla de crema irlandesa y pastillas para dormir trituradas. Sabía que debía aguardar unos 30 minutos aproximadamente hasta que se durmiera.

Le pidió que se desvistiera poco a poco. Primero la camisa, luego los pantalones. Jeffrey no aguantó la tentación, antes de los 30 minutos de rigor, comenzó a acariciarlo. Pero Somsack se asustó y salió huyendo. Llegó a su casa semiinconsciente y, sin mediar palabra, su padre lo llevó a un hospital, donde ingresó en urgencias. Los exámenes médicos revelaron que sufría una sobredosis de drogas.

Una vez repuesto, Somsack condujo a los oficiales de policía al apartamento de Dahmer. Esta denuncia dio motivo al arresto el 25 de septiembre de 1988, aunque una semana después era puesto en libertad bajo fianza, a la espera del juicio. Sin embargo, en esta ocasión, el magistrado a cargo solicitó que antes Dahmer fuese evaluado por los doctores Charles Lodl y Norman Goldfarb. Meses después lo haría el Dr. Krembs. Los tres especialistas coincidieron en que el paciente no mostraba a otros la profundidad y severidad de su patología. Lo consideraron un perturbado, con una vida condicionada por la monomanía. A raíz de esta nueva causa judicial, Jeff Dahmer fue condenado a cinco años de cárcel y un año de trabajo de campo por agresión sexual en segundo grado. Mientras duró el proceso, Jeff regresó a casa de la abuela Catherine en West Allis.

Lo más incomprensible de este período de delitos, que culminó con una condena efectiva por abuso a un menor, es la ceguera que demostraron los profesionales de la salud, la policía y el poder judicial. Una ceguera que impidió desenmascarar a un asesino. Pese a la variedad de exámenes psicológicos a los que Jeff Dahmer fue sometido durante aquel año y las intervenciones de las fuerzas de seguridad e incluso del tribunal de justicia, el atormentado joven había recaído y había asesinado de nuevo. ¡Y nadie se había percatado! Una vez más, su crimen había pasado desapercibido y él no fue detenido.

Una maleta que pesa como un muerto

Dahmer asesinó a su segunda víctima el 15 de septiembre de 1987. Se trataba de Steven Tuomi, un joven de 26 años originario de Ontonagon, Michigan. Tuomi se había establecido en Milwaukee, donde trabajaba de cocinero, y por las noches solía asistir al Club 269, un bar de ambiente gay donde conoció a Dahmer. Apuesto, de figura delgada y peinado a la moda, tenía el cabello de un dorado rojizo que llamaba la atención. Al verlo, Dahmer sintió un flechazo. Tras invitarle a unas copas, le propuso pasar la noche juntos en el Hotel Ambassador. Llevaba consigo la botella de ron de su marca favorita y unas píldoras de efecto somnífero que usaba cuando conocía a alguien que le atraía.

Al despertarse por la mañana, observó extrañado que Tuomi estaba tumbado de espaldas, con la cabeza colgando del borde de la cama. Presintió lo peor y volvió a experimentar el mismo horror de años atrás. Al enderezar el cuerpo, comprobó que el joven estaba muerto. Le salía sangre por la boca, mostraba algunas costillas rotas y magulladuras en el pecho. Pronto observó moratones y rasguños en sus propios brazos. Probablemente se los había hecho Steven en un intento inútil de defenderse. Se sorprendió ante aquella escena porque no recordaba haber ejercido ninguna violencia.

Después de nueve años, otra vez volvía a materializarse la misma pesadilla. Debía deshacerse del cadáver sin dejar huellas y tendría que idear un plan rápidamente. Pagó un día más la habitación y se fue directo a una tienda para comprar una maleta, la más grande que tuvieran, y la llevó al hotel. Introdujo el cuerpo de Steven en ella, la arrastró hasta la salida y en un taxi se dirigió a casa de su abuela con el bulto. Mientras ayudaba a colocar el pesado equipaje en el maletero del coche, el taxista preguntó con sorna si llevaba un muerto ahí dentro. Cuando Dahmer le contestó que así era, los dos se rieron.

A salvo en el sótano de la casa, Dahmer sacó el cadáver de la maleta. Al manosearlo se excitó tanto que llegó a masturbarse y a copular con él. Increíblemente, conservó el cadáver durante varios días sin que su abuela lo descubriera, hasta que decidió desmembrarlo como había hecho con Hicks. Le cortó la cabeza, los brazos y las piernas, y luego separó la carne en trozos lo suficientemente pequeños como para manipularlos. Guardó los restos en tres bolsas para deshacerse de ellos. Solo se quedó con la cabeza, que puso a hervir con un preparado con lejía hasta blanquearla para conservarla. Contrariamente a lo esperado, el experimento no salió del todo bien y el cráneo se volvió demasiado frágil y acabó por pulverizarse. Los restos de Steven Tuomi nunca fueron recuperados.

¿Qué sucedía en el interior de Jeffrey? ¿Qué lo impulsaba a matar, aun sin proponérselo? Indudablemente, era algo que ningún psicólogo había logrado desentrañar. Después de nueve años había vuelto a matar, y a partir de ese momento ya nada lo detendría.

Capítulo 3

CÓMO SE CONSTRUYE UN CARÁCTER

Tras un embarazo difícil, Joyce Dahmer (de soltera, Flint) dio a luz a su primer hijo, Jeffrey Lionel, el 21 de mayo de 1960 a las cuatro y media de la madrugada en el Evangelical Deaconess Hospital, en West Allis (Milwaukee). Acostumbrada a calmar sus nervios con tranquilizantes, Joyce había intentado hacer una abstinencia durante la gestación, pero este período terminó diezmando su ánimo.

Hija de inmigrantes de ascendencia noruega e irlandesa, Joyce trabajaba como operadora de teletipo, un aparato que se usaba para transmitir datos telegráficamente. Su marido, el padre de Jeffrey, era de ascendencia alemana y galesa. Graduado en Química, había estudiado en la Marquette University, un centro de estudios jesuita en Milwaukee. Debido a su carrera académica, las mudanzas eran habituales en la familia y los primeros años de la vida de Jeff coincidieron con una época de traslados y residencias temporales. En 1962, fueron a vivir a Iowa City, donde Lionel Herbert Dahmer tenía que estudiar en la universidad local para realizar su doctorado.

Al ser el primogénito, Jeff tuvo la oportunidad de acaparar el amor y la atención de sus padres bastante tiempo. Al igual que a la mayoría de los niños, le encantaba recibir regalos; amaba los conejos de peluche y jugar con bloques de madera. También le encantaba corretear con su perro Frisky, su mascota favorita. El pequeño se mostraba expansivo y demostraba empatía con los suyos. Recurrentemente, sufría infecciones en los oídos y en la garganta que le provocaban fuertes molestias para su corta edad.

Lionel, mientras tanto, se dedicaba a la investigación académica. Tenía una profunda vocación científica y desde temprano estimuló en su hijo la curiosidad por la naturaleza. En una ocasión, habían rescatado un pájaro recién nacido que había caído de un nido. Viendo que necesitaría ayuda para sobrevivir, se les ocurrió alimentarlo con insectos y, al cabo de unos días, el pichón ya se valía por sí mismo. La experiencia de brindarle protección a un ave desvalida conmovió a toda la familia. Joyce estaba junto a ellos cuando devolvieron el pajarillo a su nido. En *A Father's Story*, la historia de estos sucesos que el padre de Jeffrey escribiría muchos años más tarde, Lionel relata con nostalgia aquel día, tal vez porque acabó por ser una de las pocas vivencias amorosas compartidas con su hijo. Recuerda que cogió el ave y que ahuecó las manos para no lastimarla. Luego elevó los brazos y con delicadeza la dejó partir. Todos sintieron una maravillosa sensación de ternura. Los ojos de Jeff estaban muy abiertos y brillantes; probablemente fuera el momento más feliz de su vida.

El padre percibía en Jeff una gran fascinación por el mundo animal. En la casa de Iowa, una pareja de zarigüeyas construía su guarida por temporadas, y debían limpiar de vez en cuando debajo de la vivienda, donde los marsupiales dejaban los restos de las presas que comían. Con apenas cuatro años, Jeff solía jugar con los huesos que se acumulaban al barrer. Le gustaba el sonido que producían esos trozos ásperos de color grisáceo al golpearse entre sí. Sin darse cuenta, aprendía acerca de las reglas de la naturaleza, según las cuales el más fuerte se valía del más débil para sobrevivir.

Un chico introvertido

Alrededor de los cuatro años, a Jeff le detectaron una hernia doble que tenía que ser operada, solo así se corregiría el problema. Para la familia, esta intervención supuso un antes y un después en el comportamiento del niño, porque nunca más recuperó el mismo entusiasmo por la vida. Después de la operación Jeff se tornó más vulnerable y retraído; a partir de entonces, un extraño miedo pareció invadirlo y terminó perdiendo la confianza en sí mismo.

En 1966, el padre de Jeff consiguió un trabajo como investigador en Akron, en el condado de Summit, Ohio. Por tal motivo, la familia se mudó primero a Doylestown y posteriormente se estableció

Lionel Dahmer y su segunda esposa, Shari, fuera del Columbia Correctional Institute. Presenciaron juntos cada día del juicio y fueron prácticamente los únicos que visitaron a Jeffrey en prisión.

en Bath, donde permaneció bastante tiempo. Joyce estaba embarazada de su segundo hijo, mientras que Jeff había empezado la escuela primaria. Cuando la madre dio a luz, el 18 de diciembre de 1966, le permitió a Jeff elegir el nombre de su hermano, y bautizó al bebé con el nombre que él había elegido: David.

La obligación de ir a la escuela le asustaba. Su conducta comenzaba a causar extrañeza en los padres, ya que se había vuelto muy introvertido y se encerraba totalmente en sí mismo. Según su padre, la mudanza de Iowa a Ohio había aumentado la timidez de su hijo y le había generado un sentimiento de desarraigo. Lionel también había sido un niño asocial en su infancia y eso se veía reflejado en su hijo mayor; sin embargo, había aprendido a superarlo y abrigaba la esperanza de que Jeff pudiera vencer el miedo íntimo que lo aquejaba. Sin embargo, el hermetismo se fue agudizando con el paso del tiempo.

Jeff asistía a la escuela Hazel Harvey, en Barberton. En su boletín de notas del primer curso, se le describe como un niño demasiado reservado. Si bien los maestros suponían que se debía al nacimiento de su hermano, en realidad, esa no era la única causa de sus pesares. Las desavenencias entre sus padres habían comenzado y ya dormían en habitaciones separadas. Por su parte, Joyce había recaído en la adicción a las pastillas, lo cual alteraba su carácter.

La estancia en Bath, el lugar donde pasaría el resto de su infancia y adolescencia, le proporcionó un ambiente propicio para la vida al aire libre. La casa estaba ubicada en el 4480 de West Bath Road, en un barrio rodeado de altos árboles que tapaban el cielo y un tupido bosque plagado de insectos, mariposas, aves y animales desconocidos, en el que se respiraba libertad.

Extraños juegos

A medida que iba creciendo, Jeff se fue adueñando de su territorio infantil. Recorría el vecindario en bicicleta y observaba con gran interés a los animales muertos que encontraba en la espesa arboleda del bosque colindante, o atropellados en la carretera. De allí surgió en él la inquietud de examinarlos por dentro. No era lo único que llamaba su atención. Todos los días, a la misma hora, un hombre pasaba corriendo cerca de su casa. Cuando coincidían, silenciosamente, la mirada de Jeff se posaba sobre él. Permanecía al lado del camino para verlo pasar y luego se quedaba respirando el aire que dejaba su estela sudorosa.

Alrededor de los 14 años, no solo le atraía diseccionar animales, sino también desmembrarlos. Había consultado a su padre si era posible limpiar los huesos con algún tipo de preparado. Lionel, encantado de ver una motivación en su hijo, respaldó el montaje de un laboratorio en el sótano de la casa y celebró la afición de Jeff por la anatomía.

Gracias al juego de química que su padre le había regalado, Jeff empezó a probar distintas fórmulas con formaldehído, un compuesto químico conservante. También aprendió a montar el esqueleto de los pájaros y se atrevió a diseccionar pequeños roedores, siguiendo los pasos de una clase recibida en la escuela. Después de estas experiencias solitarias, regresaba a la sala principal de la casa donde se topaba con sus padres, sumidos en un sinfín de reproches. Nunca había paz. Su hogar era siempre un campo de batalla. Cuando empezaban las peleas entre ellos, olvidaban la presencia de los hijos.

Jeff se sentía más cómodo jugando solo o con algún amigo imaginario. Sin embargo, el padre empezó a preocuparse por su grado de obsesión en realizar experimentos para separar órganos y preservarlos. Había dejado de parecerle una motivación sana y, además, empezó a dudar de que fuese la manifestación de una vocación. Paulatinamente, Lionel fue sintiendo rechazo por el laboratorio de su hijo y su macabra colección de frascos que contenían fragmentos de cadáveres, hasta que un día, harto y enfadado, le ordenó deshacerse de todo.

Cuando Jeff compartía el tiempo con los amigos del vecindario, se ponía en evidencia su rareza, pero también su sadismo. A veces iba de pesca con ellos. Interesado en saber cómo eran los peces por debajo de la piel, los cortaba delante de todos con método hasta identificar los órganos. Obviamente, el pez terminaba muriendo, algo que a Jeff no le importaba. Esta actitud provocaba rechazo y alejaba a los demás chicos. Entre ellos, a Steve Lehr, un compañero de la escuela, que había participado con Jeff en un juego nocturno llamado «Fantasmas en el cementerio» y que había quedado muy afectado con él. Lo cierto es que tenía iniciativas difíciles de acompañar, como la vez en que decapitó el cadáver de un perro y, a modo de broma, colocó el cráneo en una estaca en el bosque para asustar a los paseantes desprevenidos.

Un adolescente muy particular

Poco a poco, Lionel también comenzó a percibir cambios corporales en su hijo, ya preadolescente. Su postura se fue modificando radicalmente hasta adoptar una forma de moverse rígida e inflexible. Parecía tenso, con el cuerpo muy recto, como a la defensiva, hasta el punto de que, cuando otras personas se le acercaban, enmudecía. Solía encerrarse en su habitación o permanecía solo en la sala de estar mirando la televisión, aunque con la mirada perdida y desconectada. Por otra parte, las discusiones de sus padres seguían a la orden del día, lo cual generaba un ambiente hostil, que no le era en absoluto indiferente.

Algo cambió durante la escuela secundaria, y la tendencia de Jeff al aislamiento empezó a ceder en alguna medida. El padre lo incentivó a participar en actividades extraescolares, y es así como, en el primer año en el Revere High School, aceptó formar parte de la banda de música escolar, donde tocaba el clarinete. Con el tiempo también llegaría a practicar tenis.

En el instituto trató de crearse un grupo de amigos, salvo que su modo de relacionarse se caracterizaba por la excentricidad y la torpeza propia de quien desconoce los códigos de convivencia. Ante el deseo de integrarse, balaba como una oveja durante la clase y se movía llamativamente para atraer la atención. Sorprendentemente, no le fue tan mal, porque acabó por volverse popular entre algunos estudiantes que festejaban sus imitaciones de retrasados mentales. En particular, les encantaba ver la imitación del decorador de interiores que había contratado su madre y que todos ellos conocían.

Muy pronto creó tendencia entre sus compañeros de curso por las reacciones inusitadas que tenía. Apelaban a Jeff para entretenerse. El dibujante John Backderf era uno de los que más lo arengaba, estimulándolo a montar escenas cada vez más audaces fuera de la escuela. En una ocasión, John le propuso cobrar entradas entre los estudiantes para ver cómo escandalizaba a la gente en un centro comercial. Debía actuar como un deficiente mental que tiene un ataque de epilepsia. Jeff era capaz de hacer bromas pesadas y no quiso rehuir el desafío, aunque en el fondo solo lo aceptó para mantener su popularidad. De la misma manera, luego conseguiría mezclarse entre los estudiantes seleccionados por la Sociedad Nacional de Honor —una organización fundada en 1921 que becaba a los alumnos con promedios sobresalientes— para aparecer junto a ellos en la foto del anuario. Cuando las autoridades escolares descubrieron la argucia, pintaron con tinta negra el rostro de Jeff en un intento de borrar su imagen.

Sexo y alcohol

Si bien llegó a participar en el periódico escolar, los compañeros de clase nunca dejaron de considerarlo un alcohólico y un alienado, cuyo atractivo residía exclusivamente en sus extravagancias. Así pasó de ser un estudiante correcto, inteligente y con buenos modales en el trato con sus profesores de primer año, a cambiar por completo su conducta debido a su caída en la bebida.

Jeffrey solía extralimitarse. Guardaba el alcohol dentro del forro de su chaqueta y luego lo escondía en su taquilla de la escuela. Tenía 14 años cuando empezó con esta costumbre. Otras veces, colocaba ginebra en un recipiente y aparentaba que bebía agua. Su compañera de estudios Marty Schmidt cuenta que bebía en clase y que, si alguien lo cuestionaba, él argumentaba que era su medicina. En realidad, le avergonzaba hablar de los muchos secretos que guardaba, y la bebida apaciguaba la angustia que sentía.

El alcoholismo coincidió con el despertar sexual de Jeff. Se dio cuenta de que le gustaban los hombres, lo cual le provocaba un profundo conflicto personal. Se masturbaba utilizando revistas, pero también mirando las entrañas de los animales que despedazaba. Tenía ideas obsesivas sobre ejercer la violencia con los hombres, porque de esa manera lograría dominarlos. En sus fantasías, sus amantes estaban inmóviles, como si estuvieran muertos o, al menos, dormidos. A veces, pensaba en diseccionarlos y en conservar sus órganos.

No habló nunca de su orientación sexual con sus padres, ni tampoco se atrevió a compartirlo con un consejero escolar; ni siquiera pudo contárselo a un amigo y, a pesar de mantener una breve relación romántica con otro joven, no llegaron a mantener un contacto sexual.

En su libro, publicado en 1994, Lionel Dahmer se arriesga a bucear dolorosamente en el interior de su hijo. Logra imaginar el sentimiento de vacío que podía experimentar Jeff debido a su tendencia sexual. Imbuido de una visión homofóbica característica de la época e inspirada en su educación religiosa, supone que Jeff debió verse a sí mismo completamente fuera de la comunidad, lejos de todo lo que era normal y aceptable para cualquier ser humano.

Lionel no se equivocaba. En Bath, la homosexualidad era el máximo tabú, y esto a Jeff lo mortificaba. La sensación de desamparo no tardó en volverse algo cotidiano. Pero cuando estaba ebrio se sentía libre y ya no había barreras para la imaginación. Fue en esa época cuando concibió la fantasía de dejar inconsciente a su vecino corredor, el atlético joven que observaba a escondidas desde hacía tanto tiempo. Como no se atrevía a abordarlo para entablar una conversación, pensó en secuestrarlo para disfrutar poseyéndolo y acostándose a su lado mientras yacía dormido. Solo debía dejarlo inconsciente; de lo contrario, su plan fracasaría. Finalmente, un día cobró impulso y se ocultó entre los arbustos cercanos a la carretera con el bate de béisbol en la mano para golpear al corredor. Espero, esperó y esperó, pero aquel día el joven musculoso no pasó. Afortunadamente no volvió a intentar el ataque y, de este modo, se evitó una más en el largo listado de víctimas que provocaría con sus acciones.

En 1978, semanas antes de finalizar las clases, cuando Jeff tenía ya 18 años, uno de sus maestros sorprendió al joven cerca del estacionamiento de la escuela, bebiendo varias latas de cerveza. Cuando lo amenazó con denunciar el asunto, él le explicó que estaba pasando muchos problemas en su casa. Era verdad. Lionel y Joyce se habían divorciado tras muchos intentos de conciliar las diferencias personales para salvar el matrimonio. Además, su madre se había mudado con su otro hijo, David, al condado de Chippewa Falls. Era una cuestión de tiempo hasta que la justicia dictaminara que Jeff debía estar bajo la custodia de Lionel.

Pese a las malas noticias, Jeff logró terminar la escuela y se animó a invitar a su compañera Bridget Geiger al baile de graduación, en un intento de parecer igual a los demás. Asimismo, participó en un viaje escolar a Washington D. C., donde desplegó sus osadas gracias de siempre, poniéndose en contacto con la Oficina de la Vicepresidencia de Estados Unidos para solicitar, en nombre de todos los estudiantes, una entrevista con Walter Mondale, que les fue concedida.

Durante su breve estancia en la Ohio University, en la segunda mitad de 1978, el consumo de alcohol se intensificó. Siguiendo la sugerencia de su padre, Jeff inició los estudios de Administración de Empresas. Sin embargo, tras unos pocos meses se vio obligado a abandonar debido a sus excesos y la falta de asistencia a las clases. Consternado, Lionel Dahmer tuvo que aceptar el fracaso de Jeff en la universidad. Decidió hacerle una visita sorpresa y pudo comprobar el estado de borrachera en que se encontraba y de paso constatar que su habitación estaba llena de botellas de licor vacías. El alcohol era su ruina, y la expulsión estaba justificada.

Lionel y Shari Shin Dzhorzhan, su flamante y nueva esposa, pensaron que el ejército podría ayudar a Jeff a doblegar su adicción, y le propusieron enrolarse a finales de 1978. Una etapa del entrenamiento militar la llevó a cabo en Fort McClellan, en Anniston (Alabama), con el objetivo de convertirse en policía militar. Sin embargo, dados sus conocimientos del cuerpo humano, descubrieron en él buenas aptitudes para el estudio de la medicina. En consecuencia, lo reasignaron al centro médico militar de Fort Sam Houston Brooke, en San Antonio (Texas), donde se preparó para prestar primeros auxilios en el campo de batalla.

Durante el primer año de entrenamiento, Jeff demostró ser un soldado más, quizá ligeramente superior a la media. Incluso logró limitar el consumo de alcohol, y mejoró su alimentación y su estado físico. Estos cambios redundaron en un alivio de su estado de ánimo, y le ayudaron a superar la depresión que había sufrido tras el divorcio de sus padres. Sin embargo, serían beneficios pasajeros. Con su traslado a Alemania y posteriormente a Bélgica, en una misión de servicio como parte de un regimiento blindado de infantería, Jeff volvió a beber alcohol.

De aquella etapa, existen testimonios de compañeros del ejército que padecieron los abusos sexuales y la violencia de Jeffrey, producto de una inmanejable perversión. Fue el caso de Preston Davis, quien declararía años más tarde haber sido violado dentro de un vehículo blindado, mientras realizaban ejercicios de campo, y de un compañero de habitación llamado Billy Capshaw, quien lo describiría como un psicópata maltratador. Tratándose de una institución militar, no es de extrañar que en los años 80 la violencia sexual se ocultara para evitar la exposición a la vergüenza pública y la consecuente humillación. De hecho, en marzo de 1981, de acuerdo con la aplicación del código de justicia militar, Jeffrey fue enviado a Fort Jackson, en Carolina del Sur, para ser interrogado. Luego recibió la baja debido al consumo de alcohol y de drogas. Sin embargo, en el informe fue omitida por completo cualquier otra referencia a su comportamiento sexual.

Al año siguiente, en 1982, ya fuera del Ejército, Jeffrey se mudó a la casa de dos plantas de su abuela Catherine, en West Allis, con quien vivió durante ocho años. Le alquilaba una habitación en la planta alta y, como parte del «contrato», debía colaborar en la limpieza. También podía usar el sótano para distintas labores domésticas. Acogido por su abuela paterna, Jeffrey empezó a acompañarla a misa. Al menos durante dos años y disciplinadamente, se dedicó a leer la Biblia y se entregó a la religión para controlar sus fantasías y su compulsión sexual. Parecía haber expulsado al demonio que, según él, llevaba dentro, aunque el remordimiento por el asesinato de Steven Hicks, su primera víctima, seguía latente.

Los amantes perfectos

A pesar de que a Dahmer le preocupaba controlar su instinto asesino y eludir el contacto sexual con otros hombres para no causarles daño, su perversión mental continuaba viva y se manifestaba en los esporádicos actos de exhibicionismo que cometía, mayormente dirigidos a un público infantil. Su afán de contener la parte de sí mismo que más temía y que lo avergonzaba no le impedía llevar adelante, en estado de ebriedad, acciones que resultaban traumáticas para los niños y que los jueces sancionaban con regímenes de libertad vigilada.

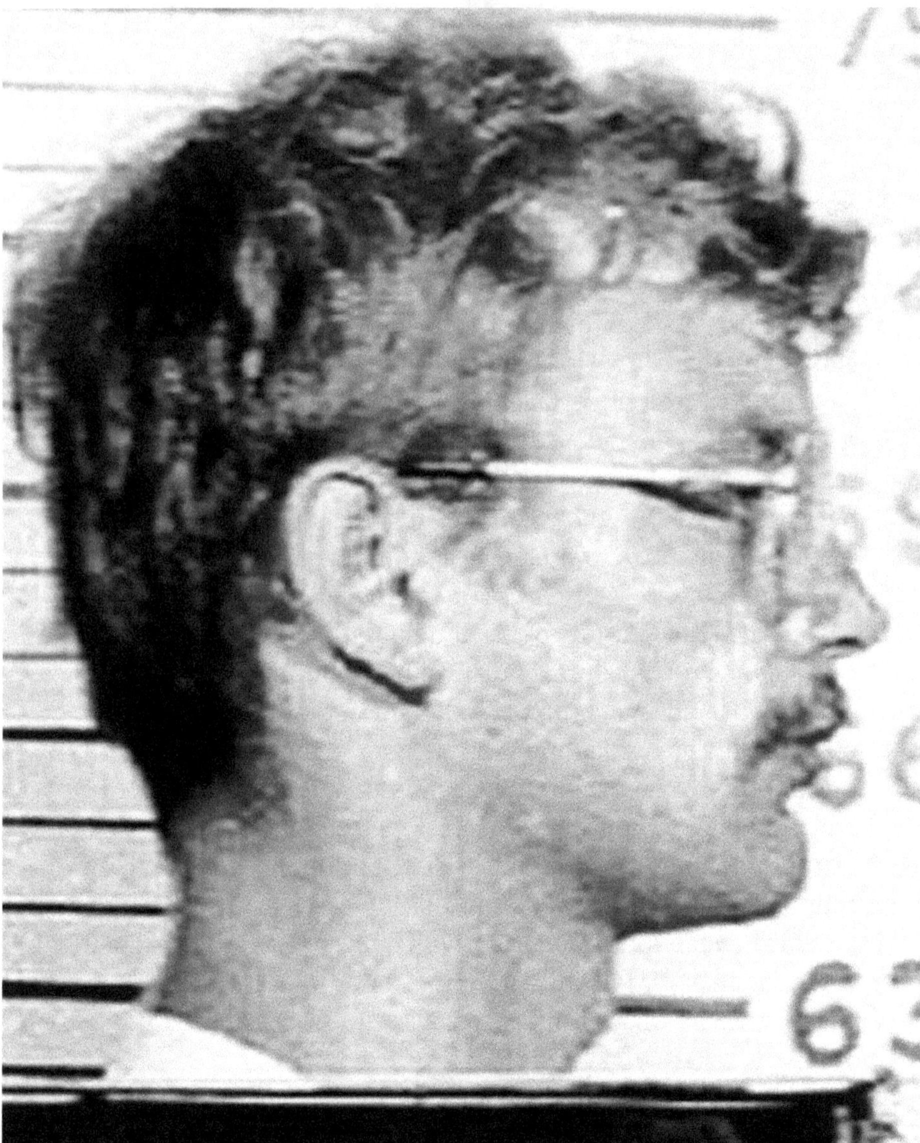

Un altivo Jeffrey Dahmer posa para la ficha policial de su arresto por exhibición obscena, en 1982.

MILWAUKEE COUNTY
SHERIFF'S DEPARTMENT

A este período de contención y delitos excarcelables pertenece el robo de un maniquí masculino de una gran tienda. En efecto, Jeffrey quería compañía, pero temía llegar a matar otra vez. No sabía «ligar», seducir ni establecer relaciones adultas en las que se produjera un intercambio amoroso. Tampoco le interesaba complacer; únicamente deseaba la sumisión de la pareja y que se dejara manipular pasivamente. Esta clase de contacto era el preferido de Dahmer, porque el ejercicio del control le proporcionaba el máximo placer.

La alternativa de satisfacer su deseo sexual con un muñeco podría resultar una solución. Además, se aseguraba de que no lo abandonaría; eso se decía a sí mismo. Entonces ideó un plan para obtenerlo. Una noche permaneció escondido, más allá del horario de cierre, en el comercio donde había visto un maniquí que le gustaba. Alrededor de las once, cuando todos se habían ido, salió de su escondite y escogió a su «amante», vestido para la ocasión con un saco de dormir. Con sigilo, retiró el muñeco de la tienda. Convencido de lo que debía hacer, no sopesó que las cámaras de seguridad podrían filmarlo. Pero no lo atraparon. Trasladó exitosamente el maniquí hasta su casa y lo guardó dentro del armario de su habitación para que su abuela no lo descubriera.

Al principio, fue toda una novedad. Fingió que era una persona real. Retiraba al maniquí del armario y lo acostaba. Podía acariciarlo y hacer con él lo que se le antojara. Lo vestía y lo desvestía, desparramando su saliva por el torso. Luego se masturbaba. Al fin y al cabo, era un amante perfecto, ya que no estaba vivo. Dahmer no encontró a nadie más sumiso, y creyó que el maniquí sería suficiente para sentirse acompañado y satisfacer sus apetitos sexuales. Excepto que el idilio duró unas pocas semanas, solo hasta que Catherine descubrió el maniquí desnudo y pegajoso en el interior del mueble. Quizá asqueada o tal vez asustada, pidió a su nieto que se deshiciera de él.

Hacia 1984, Dahmer había conseguido empleo como mezclador de chocolate en la fábrica Ambrosia Chocolate Co., donde ganaba nueve dólares a la hora. Tenía que trabajar en el horario nocturno, de once de la noche a siete de la mañana, seis días por semana, con los sábados libres. Como le costaba dormir durante el día, había ido al médico en busca de alguna ayuda.

Interiormente, se sentía frustrado. Si bien la violencia no formaba parte sus planes, la abstinencia sexual se estaba volviendo insoportable. Algo debía hacer y, después de la visita al doctor, pensó en otro camino para obtener placer sin provocar la muerte de nadie. Como el profesional le había recetado un somnífero, se le ocurrió que podría ir a la sauna y usar algunas píldoras, intentando dormir a los hombres que compartieran con él la sala de baño...

Cuando recordaba la propuesta erótica que le habían hecho en la biblioteca un tiempo atrás y que él había descartado, la ansiedad y el nerviosismo se acentuaban. Desde aquel episodio, la obsesión por el contacto sexual se agigantaba cada día un poco más. Por todos los medios, deseaba cubrir sus necesidades sin llegar al crimen y continuó adelante concretando una visita a la sauna, donde se daban cita hombres de su misma orientación sexual. Allí no faltaría oportunidad de encontrar compañía.

Igualmente, seguía resultándole difícil conseguir la erección mientras sus parejas estaban despiertas y optó por drogar a las víctimas para luego violarlas. Claro que, después de hacerlo, ninguno de sus amantes quiso saber más de él, por lo que terminaron por echarlo y prohibiéndole el acceso cuando se extendió el rumor de sus ataques.

Entonces, inmerso en el delirio que avivaba el alcohol, pensó en buscar un cadáver y se dispuso a organizar una nueva aventura. Debía conseguir un cuerpo para descargarse. Tras leer en los obituarios el fallecimiento de un joven de 18 años, se le ocurrió visitar el tanatorio donde lo estaban velando. Al comprobar lo apuesto que era, tramó ir al cementerio después del entierro.

Reservó la pala y la carretilla que usaba en el cuidado del jardín con el objeto de excavar la fosa. Pero... era pleno invierno y el suelo ya estaba congelado debido a las bajas temperaturas, motivo por el cual le resultó imposible llevar a cabo su proyecto.

Frente a una obsesión que pugnaba por alcanzar su gratificación y no la obtenía, Jeff se sintió ante un callejón sin salida. Durante varios años, la convivencia con su abuela le había servido de escudo para apagar el fuego interior que lo quemaba. Pero con el paso del tiempo, ya no encontraba mayores frenos y sus remordimientos se habían desvanecido. Con 27 años, había decidido que ninguna otra cosa le importaría a partir de ahora. Solo el dejarse arrastrar por una tentación incontenible que le llevaría a cometer otros crímenes.

A Dahmer no le gustaba matar, sino el placer que obtenía de tener una víctima a su disposición y para siempre. Como si atravesara un trance, al retornar a la realidad, se daba cuenta del alto costo que conllevaba cumplir sus fantasías de muerte. ¿Cómo era posible que se hubiera controlado durante casi nueve años y que ahora no pudiera contenerse más? El propio Dahmer no alcanzaba a explicarlo:

> —No tengo respuestas definitivas. Si supiera las verdaderas razones, probablemente no habría hecho nada de eso.

Sin embargo, nunca descartó en sus argumentos el hecho que la invitación en la biblioteca, quizá, se había convertido en el gran desencadenante de los acontecimientos futuros. Había transcurrido una larga etapa que los criminalistas denominan «período de enfriamiento», pero ahora, ahora, había llegado a su fin irremediablemente.

Capítulo 4

EL CHICO «AL QUE TE VENÍAN GANAS DE CUIDAR»

Por las noches, la ciudad de Milwaukee cobraba vida en 2nd Street. Allí se encontraban los bares gay más populares. A ambos lados de la calle, se multiplicaban las luces brillantes que, en la oscuridad de la noche, deslumbraban con sus rótulos: Circus, C'est la vie, The Phoenix, Club 219 y, más tarde, el afamado bar La Cage. Todos ellos contaban con pistas de baile donde retumbaba una música estruendosa que marcaba el ritmo de los cuerpos. El ambiente era de fiesta. Salir de un local para entrar en otro hacía que la noche pareciera más larga.

Jeffrey Dahmer tenía la costumbre de recorrer aquella calle los sábados por la noche, su día de descanso. Escogía algún bar y se sentaba en la barra concentrado en sí mismo. Solía quedarse hasta el cierre. Parecía totalmente inofensivo, tal vez un hombre introvertido y solitario. Cuando iniciaba una conversación era amable, a veces incluso ingenuo, y su timidez resultaba atractiva, por esa extraña combinación de chico desvalido, mitad niño, mitad hombre. Era un hombre «al que te venían ganas de cuidar», como había manifestado su vecina Pamela Bass.

En ocasiones, llevaba puestas unas lentes de contacto de color amarillo para emular al emperador Palpatine, el gran malo de la saga *La guerra de las galaxias*, en *El retorno del Jedi*. Jeff se identificaba con este personaje. Fantaseaba con tener su mismo poder para someter a sus víctimas, en el afán de poseerlas. Él iba de caza, no iba a hacer amigos.

Se abre el coto de caza

Hacia 1988, Dahmer se derretía por los chicos menores de edad, su mayor debilidad. Se sentía seguro con ellos, y se manejaba con astucia para que confiaran en él. Fue el caso de James Doxtator, un muchacho de 14 años que se prostituía para sobrevivir. Sus facciones aniñadas denotaban que la infancia no había quedado completamente atrás. Tenía la piel morena, los ojos profundamente oscuros y el cabello renegrido. Dahmer comprendió enseguida que no representaba una amenaza y que, si se mostraba amigable, lograría obtener de él lo que deseara. Le propuso pagarle 50 dólares para tener sexo oral y el chico estuvo de acuerdo.

Era enero. Dahmer vivía con su abuela. Sabía que tendría que ser extremadamente cauteloso para que no se diera cuenta de que llegaba a casa acompañado. Por lo tanto, decidió que se quedarían en el sótano de la vivienda para eludir así cualquier reclamación de Catherine. Al principio, trató al chico con delicadeza. Planeaba pasar la noche entera con él. Le sirvió una bebida mezclada con pastillas para dormir y, al cabo de una hora, el chico parecía haberse desmayado. Ya sin voluntad para defenderse, Dahmer lo violó. Un par de horas después, James se despertaría e intentaría escapar. Pero Dahmer, disgustado, terminó estrangulándolo.

La mañana siguiente de concretar su tercer crimen, Jeff desayunó con su abuela como si nada hubiera sucedido. Catherine pronto se marcharía para asistir a misa, igual que todos los domingos, y él aprovecharía su ausencia para deshacerse del cadáver. Cuando regresó al sótano y contempló al chico, se excitó. Entendió que no quería separarse de él y lo mantuvo escondido. Lo retuvo una semana hasta que no tuvo más remedio que deshacerse del cuerpo porque el olor de la descomposición empezaba a ser inaguantable. Usó ácido para separar la carne de los huesos. Luego enterró los restos desechos y pulverizó los huesos. Sin embargo, en sus posteriores ataques no procedió del mismo modo. Con su siguiente víctima, por ejemplo, decidió quedarse con el cráneo.

Había llegado marzo de ese mismo año. Richard Guerrero, un chico negro muy delgado, de 22 años, con apenas tres dólares en los bolsillos, se encontraba en el bar The Phoenix. Jeff tenía un olfato especial para reconocer a los más vulnerables, y le ofreció la misma cifra que a su víctima anterior para pasar la noche juntos. La oferta le pareció tentadora y Guerrero la aceptó.

Vista exterior del edificio de apartamentos donde Jeffrey Dahmer conservaba a sus víctimas. El olor que emanaba de la carne putrefacta de los cuerpos condujo a la policía a los lugares que el asesino usaba como depósito.

Esta vez Jeff se arriesgó un poco más, haciéndolo pasar a su habitación, mientras su abuela dormía. Nuevamente Jeff le invitó a una bebida con somníferos disueltos. Richard quedó inconsciente y fue estrangulado. Era su cuarta víctima. Por la mañana, Dahmer también bajó a desayunar con su abuela y, cuando ella se marchó, volvió a la habitación para abrazar al cadáver durante unas horas. Después lo descuartizó y limpió la escena. La desaparición de Guerrero fue denunciada y los periódicos locales publicaron la noticia. Incluso su familia contrató un detective privado, pero la búsqueda acabó en nada.

Dahmer había entrado de lleno en una etapa de experimentación sexual. Si bien su conducta se basaba en repeticiones, cada vez introducía alguna variación en los pasos que daba. Además, tenía un fino sentido de la oportunidad y sabía aprovecharse de los imprevistos.

En abril de 1988 Ronald Flowers, de 25 años, intentaba poner en marcha su coche, que estaba estacionado en 2nd Street. El motor no arrancaba por culpa del condensador. Al observar la escena, Dahmer creyó tener la suerte de su lado y le propuso ir en taxi hasta su casa para buscar dos cables de arranque. Luego regresarían a reparar el automóvil. A Flowers le pareció una buena idea y accedió. Dahmer necesitaba una excusa para poder dormirlo y le invitó a tomar un café en la cocina. Enseguida el invitado percibió un extraño cambio de actitud en esa insistencia para que lo bebiera. Como Dahmer se impuso, logró drogarlo y luego abusó de él.

Aquella noche Catherine no podía dormir, e inquieta, comenzó a preocuparse por los ruidos que provenían de la planta baja. Insistentemente, le preguntó a su nieto con quién estaba, por lo que Dahmer se vio obligado a abandonar el plan de asesinar a Flowers. Entonces arrastró el cuerpo hasta la calle y lo dejó en la acera. Ronald tuvo suerte, a pesar de que terminó ingresado en el hospital general del condado sin saber cómo había llegado a urgencias.

La primera detención

Durante el verano de 1988, la abuela de Dahmer se sintió molesta con su nieto y le pidió que se fuera. Observaba en él un comportamiento extraño y los malos olores de la habitación la preocupaban, pero antes de resolver echarlo, lo consultó con su padre. Lionel acudió a la casa para intentar mediar entre ellos. Al revisar el dormitorio de Jeff, descubrió unos frascos con sustancias que no pudo identificar y volvió a su memoria el laboratorio de la casa en Bath. Eso fue todo lo que vio, pero fue suficiente para impedir defender a su hijo, que tuvo que dejar la casa.

El rechazo de la abuela afectó a Jeff; Catherine era la única persona cercana y acababa de distanciarse de él. Así, obligado por las circunstancias, alquiló un apartamento amueblado en el 808 de North 24th Street, cerca de su trabajo. Se llevó consigo el cráneo de Guerrero, pintado, para disimular que era real. Le serviría de compañía.

Fue la época en que Somsack Sinthasomphone, el chico laosiano de 13 años, logró escapar de sus garras y sus padres pusieron una denuncia. Nada sería igual desde entonces, porque Dahmer quedó fichado como delincuente sexual, con expresa prohibición de aproximarse a menores de allí en adelante. Sin poder evitar que lo arrestaran mientras cumplía el turno de trabajo, una semana más tarde fue dejado en libertad con una fianza de 2.500 dólares, a la espera del juicio. Fue un golpe duro para la familia y Catherine, acongojada, le permitió regresar a su casa.

Finalmente, en enero de 1989, se celebró el juicio por agresión sexual a Somsack Sinthasomphone. Defendido por Gerard Boyle, Dahmer se mostró arrepentido y manifestó el deseo de cambiar de vida. Pese a las muestras de arrepentimiento, el juez William Gardner lo declaró culpable de asalto sexual en segundo grado y por atraer al menor con fines inmorales. La sentencia definitiva se dictaría unos meses más tarde, el 23 de mayo de 1989. Hasta entonces el acusado permanecería con su abuela.

A pesar de estar a la espera de sentencia y con una condena en suspenso, el ansia de matar de Dahmer no se apaciguó y, en marzo de 1989, salió de nuevo a la calle a la búsqueda de una nueva víctima, la quinta.

Sigue la caza

La quinta víctima fue Anthony Sears, un joven afroamericano de 26 años, que albergaba la ilusión de ser modelo. Frecuentaba el bar de moda La Cage. Aquel sábado de marzo, decidió retirarse temprano porque al día siguiente tenía previsto celebrar la Pascua con los suyos. Pero la suavidad de un recién conocido le hizo cambiar de idea. Ya en casa de Catherine, Jeff lo drogó y lo estranguló con una correa. Luego, tuvo relaciones sexuales con el cadáver, al que terminó decapitando.

Sears caló hondo en el retorcido corazón de Jeff. Sintió por él una atracción tan especial que deseó conservar los genitales en un recipiente con acetona. Su cráneo fue uno de los tantos hallados en el apartamento del edificio Oxford.

A partir de este crimen, Dahmer no se conformaría con blanquear los cráneos y empezó a fantasear con preservar las cabezas de las víctimas para no olvidar el rostro. Quería que sus amantes se quedaran junto a él de la manera más real posible. Con este objetivo, contactó con un taxidermista para aprender las técnicas de embalsamamiento.

Finalmente, en mayo, el tribunal dictó la sentencia: durante un año Dahmer debía permanecer por las noches en un correccional, con permiso para trabajar fuera durante el día. Después debería cumplir cinco años en libertad vigilada. No obstante, a los diez meses de estar en la institución, pidió clemencia al juez y se animó a solicitar que le adelantaran la libertad bajo juramento. Su demanda fue admitida y se le otorgó el derecho de continuar la sentencia bajo el régimen de libertad vigilada. Lionel no estuvo de acuerdo con esta resolución judicial, pero aun así el 3 de marzo de 1990 Jeffrey quedó en libertad condicional.

Esta vez, cuando Catherine reinició la convivencia con su nieto, observó en él un malestar nuevo y pudo constatar que estaba más perdido y desasosegado.

Independencia

Dahmer se comportaba como un niño en un cuerpo de adulto, con graves problemas de madurez y acarreando una gran perversión. A pesar de la condena, su compulsión no cesaba, y decidió independizarse definitivamente de su abuela para poder moverse libremente sin tener que rendir cuentas de lo que hacía. Se reincorporó a la fábrica de chocolate y el 14 de mayo de 1990 se trasladó al 213 del edificio Oxford. El alquiler, 300 dólares, era un precio razonable y sobre todo asequible; el apartamento se encontraba en buenas condiciones y dignamente amueblado. A pesar de que estaba situado en un barrio marginal, Jeff estaba contento. No le molestaba la gente degradada por las drogas que deambulaba por las calles, ni los sintecho que a veces se desmayaban en las aceras tras una borrachera. Por el contrario, la vigilancia policial en el barrio era escasa, y eso le beneficiaba.

En el primer viaje en ascensor, Dahmer conoció a Pamela Bass, una mujer negra con la que mantendría una relación cordial. De buenos sentimientos y muy sociable, pronto se compadeció de la apariencia de Jeff, desamparado y solitario, sin imaginar en absoluto la doble vida del vecino recién llegado. Recurriendo a comentarios graciosos, Pamela siempre le daba conversación para romper el silencio.

Dos semanas después de la mudanza, Dahmer conoció a Raymond Lamont Smith (también conocido como Ricky Beeks), un afroamericano de 32 años, con aspecto de culturista, que había llegado recientemente a Milwaukee. No pasaba desapercibido: trabajaba vendiendo su cuerpo y su figura era muy cuidada. Se conocieron en Club 219, y se convertiría en su sexta víctima.

Fue para este crimen que Jeff compró la cámara Polaroid, para tomar fotos del proceso de desmembramiento, con la pretensión de que estas imágenes le ayudaran a recordar su cuerpo hasta los mínimos detalles y jamás olvidarlo. Además se quedó con el cráneo, que luego pintó con un aerosol.

Dahmer atravesaba por una etapa de tal desvarío que él mismo se convirtió en víctima al beber por error un preparado con somníferos disueltos. Ese joven misterioso de cabellera de color del sol no siempre despertaba compasión por la soledad que trasmitía y, en una ocasión, al despertarse, descubrió que le habían robado todo su dinero y el reloj.

El 14 de junio de 1990, Dahmer conoció a Eddie Smith, apodado «el Jeque» en el ambiente gay. Tenía 36 años y se vestía como Donna Summer, la cantante de música disco. Actuaba con desparpajo e irradiaba una simpatía contagiosa. Lástima que se dejó conmover por la mirada de aquel enigmático rubio con unos ojos que rasgaban el cielo. Su suerte estuvo echada: era la séptima víctima elegida por Jeffrey.

La desaparición de Eddie supuso un gran golpe para la comunidad gay de Milwaukee: todos lo conocían y se preguntaban dónde se había metido. La familia inició una búsqueda desesperada y su hermana Caroline se encargó de pegar carteles por el barrio con su fotografía. El encabezado del cartel decía: «Se busca». Sorprendentemente, Caroline recibió una llamada anónima en la cual una voz desconocida le comunicó que Eddie estaba muerto y que era inútil buscarlo. Horrorizada, sin saber qué decir, atinó a preguntarle a su interlocutor cómo lo sabía. «Porque yo lo maté» fue la sórdida respuesta.

El 2 de septiembre del mismo año fue la última vez que se vio con vida a Ernest Miller. Este joven de 22 años, oriundo de Chicago, trabajaba de camarero en Milwaukee. Ahorraba dinero para matricularse en la escuela de danza, ya que soñaba con llegar a ser un bailarín profesional. Por desgracia, aquel 2 de septiembre se cruzó con Dahmer frente a una librería en North 27th Street y fue seducido por él. Cuando llegaron al apartamento, Dahmer se dio cuenta de que le quedaban solo dos píldoras y que no serían suficientes para doparlo. Entonces modificó su plan. Fue por detrás con un cuchillo en la mano y le cortó el cuello con violencia. Fue un corte preciso en la carótida, aprendido en sus años en el ejército. Era su octava víctima.

La atracción hacia Ernest fue tremendamente intensa y Dahmer necesitaba quedar unido a él de un modo más profundo. Por eso, esta vez no le bastó con desmembrarlo, ni conservar el cráneo como trofeo. Las fotografías tampoco colmarían sus anhelos. Deseaba una unión indivisible y debía comer su carne. Así podría vivir a través de él, y no se separarían.

Para este nuevo propósito, escogió los antebrazos y retiró los bíceps. Guardó una porción en el congelador, y reservó un trozo para la hora de la cena. Lo cocinó con entusiasmo hasta obtener un exquisito manjar, que comparó con un *filet mignon*. Fue un ritual inolvidable. Inspirado en un amor insano, Dahmer se acababa de convertir en caníbal.

La estrategia de seducción solía repetirse según pasaba el tiempo: calmo y educado al hablar, le daba tiempo a la víctima para que se confiara antes de decidirse a acompañarlo. No obstante, el enamoramiento de Dahmer podía variar según fuera gay o heterosexual. Si no le gustaba lo suficiente, tal vez el elegido tendría la suerte de sobrevivir.

Este fue el caso de David Thomas, un afroamericano de 23 años que, el 24 de septiembre de 1990, se encontraba en el Grand Avenue Mall, un centro comercial en el barrio de Westown (Milwaukee). Después de invitarlo a tomar su exclusivo cóctel, Jeff se dio cuenta enseguida de que no quería matarlo, porque no le atraía lo suficiente. Decidió dejarlo en libertad cuando se despertase. A pesar de su primera intención, se impuso el temor a que lo denunciara, así que terminó por asesinarlo.

Desde su apartamento, Pamela Bass llegó a escuchar los gritos de Jeff: «¿Ves lo que me obligas a hacer?», y decidió acercarse al 213. Apoyó el oído en la puerta y le preguntó a su vecino qué sucedía. Pero Jeff, que en aquel momento se disponía a hervir el cuerpo de su novena víctima en un preparado con limpiador Soilex, no abrió y le pidió que se fuera. Al día siguiente, la novia de David puso una denuncia por la desaparición del chico y su hermana, posteriormente, lo identificó en las fotografías realizadas durante el desmembramiento.

Así, transcurrieron cinco meses hasta la desaparición de su siguiente víctima. Se trató de un corto período de intentos fallidos durante el cual Dahmer tuvo que guardar abstinencia, algo que le desesperaba. En efecto, entre octubre de 1990 y febrero de 1991, manifestó pensamientos suicidas que quedaron plasmados en los informes que realizó el oficial que supervisaba su libertad vigilada. Pero volvería a atacar el 18 de febrero, gratificándose con el cuerpo de Curtis Straughter, que apenas con 17 años ya era un activista gay, defensor de los derechos de su comunidad, aunque despreciado por su familia debido a su orientación sexual. Tenía el proyecto de convertirse en modelo y se sintió halagado cuando Dahmer lo invitó a posar. Además, necesitaba dinero. Se encontraron en la parada de autobús próxima a la Marquette University. Es fácil imaginar lo que pasó. Después de estrangularlo, Jeffrey no solo conservó el cráneo, sino también las manos y el pene. Su cabeza fue recuperada por la policía.

Las víctimas zombis del altar

Tras cinco años de silencio, la madre de Jeffrey reaparecería en su vida a través de una llamada telefónica. Joyce se había enterado de que le gustaban los hombres y quería solidarizarse con él. Le dijo que lo amaba y lo aceptaba como era. Asimismo, le contó que vivía en California y que trabajaba con personas que padecían el sida.

Pese a sus buenas intenciones, el efecto de la llamada de Joyce fue devastador para la psique de su hijo. Quedó aturdido. El contacto con su madre lo trastornó aún más y dio pie a ataques de ira y arranques violentos. A partir de entonces, los asesinatos aumentaron como nunca antes. Y, a sus hábitos caníbales y necrófilos, ahora se sumó el increíble plan de transformar a las víctimas en zombis con el objetivo de construir un santuario.

La nueva etapa de Jeffrey comenzó el día de primavera de 1991, cuando Errol Lindsey salió de su casa para hacer un recado y nunca regresó. Heterosexual, este joven negro de apenas 19 años, con un gran atractivo, se convertiría en la víctima número 11. La estrategia de Jeffrey siguió los pasos habituales: le pagó por posar para él. Pero esta vez estaba ansioso por agujerear un cráneo y con Errol efectuaría su primer ensayo. Después de drogarlo, primero apoyó la cabeza en su pecho, escuchó la frecuencia de los latidos del corazón y comprobó que dormía profundamente. Entonces encendió un taladro y lo clavó en el cuero cabelludo hasta hundirlo unos 5 cm.

Después inyectó en el orificio el ácido clorhídrico y volvió a comprobar si respiraba. Quería que sobreviviera para acceder a un estado de muerto viviente. Luego experimentó con la piel de Errol, ya que tenía la fantasía de preservarla en el tiempo con una solución de agua fría y sal. Por supuesto, el hombre murió.

Los vecinos del edificio Oxford comenzaban a impacientarse por el hedor que impregnaba los pasillos. Un olor pútrido provenía del piso de Jeff, y el propietario amenazó con echarlo. Su frigorífico estaba estropeado y lo arreglaría lo antes posible, fue su excusa. Por su parte, Pamela lo ayudó a limpiar la sangre y la carne putrefacta sin imaginarse ni remotamente que eran restos humanos. Lo único que llamó su atención fue la colección de

El Sheriff tamiza los escombros mientras el experto forense de su equipo revisa un barril incendiado en la casa de Jeffrey Dahmer.

calaveras de colores vistosos de una textura parecida al plástico. «La obra de arte de un artista del terror», pensó.

Ajena a la realidad, Pamela Bass le insistía a Jeff que cuidara más su aspecto y su higiene, aunque él la mirara como un autómata, dominado por su tremebunda compulsión.

Así, ayudado por la inocencia de quienes lo rodeaban, siguió en sus fechorías hasta alcanzar la duodécima víctima. El 24 de mayo de 1991, Dahmer se reencontró en el Club 219 con su amigo Tony Hughes, un afroamericano de 31 años a quien conocía de antes de sus andanzas nocturnas por los bares. Hughes era sordomudo, tenía muchos amigos que lo protegían y, debido al rumor de las desapariciones dentro de la comunidad gay, su familia le había pedido que se mudara a Madison (Wisconsin).

Hughes había regresado a Milwaukee a pasar el fin de semana y, al toparse con él, Dahmer no se pudo contener. Pese al riesgo que suponía relacionarse con alguien muy conocido en el ambiente, escribió su oferta en un papel y se la entregó. El hombre la aceptó.

A su manera, Jeff amó el cadáver de Hughes con todas sus fuerzas y lo dejó tendido en la cama durante varios días para no despegarse de él. Su cráneo fue recuperado posteriormente y la identidad se llegó a determinar gracias a las muestras dentales.

La desaparición de Tony Hughes aumentó la preocupación en el vecindario y su imagen se añadió a la lista de homosexuales que eran buscados por amigos y familiares. La comunidad gay estaba en estado de alerta y vigilante, pero Dahmer estaba fuera de control. Su ansiedad no le daba tregua. Debía juntar esqueletos y calaveras para hacer realidad su nuevo proyecto de trasfondo espiritual que le permitiría acceder a un estado de trascendencia.

El 27 de mayo de 1991, conoció a Konerak Sinthasomphone, de 14 años, en una parada de autobús local. Fue una coincidencia funesta, pues Konerak era el hermano menor de Somsak, la víctima que en 1988 había logrado escapar de las garras de Jeff y quien había conseguido que lo condenasen.

Oriunda de Laos, la familia Sinthasomphone se había visto empujada a emigrar a Estados Unidos en busca de una mayor prosperidad y de libertad política. Sin embargo, el destino se había ensañado con ella. Otro hijo volvía a estar en riesgo.

Contradiciendo la orden de la justicia, Dahmer recaía en su gran debilidad: los menores. Después de atraer al chico hasta el apartamento, drogó a Konerak y mantuvo relaciones sexuales con él. Pero había planeado transformarlo en zombi. Por eso comenzó a agujerear el lóbulo frontal de la víctima y le inyectó ácido clorhídrico sin llegar a matarlo. Eran cerca de las dos de la madrugada. No deseaba que se muriera y lo dejó descansar. Mientras tanto, salió a buscar unas cervezas.

Por fortuna, a Konerak todavía le quedaba un resto de vigor. Al encontrarse solo, aprovechó la ocasión y salió como pudo del edificio para adentrarse en un callejón colindante, donde pidió ayuda a unas transeúntes. Apenas balbuceaba. Las mujeres se alarmaron por la terrible aparición de aquel chico desnudo. Estaba desorientado y en pánico. Además, tenía una herida en la cabeza que le sangraba.

Una de ellas llamó al 911 para informar de que un niño desnudo había salido del edificio Oxford y parecía haber sido atacado. Sandra Smith, de 18 años, su prima Nicole Childress y su madre, Glenda Cleveland, rodeaban a Konerak cuando llegó la policía. Minutos después, desde la sombra apareció un hombre alto, de tez blanca y cabellera rubia.

Calmadamente, se presentó a los oficiales para aclararles que el joven era su novio, de 19 años. A pesar de la alarma de las tres mujeres —todas afroamericanas—, los agentes de ronda minimizaron la gravedad del suceso y dieron por supuesto que se trataba de una disputa de homosexuales pervertidos y consideraron que sería mejor no involucrarse. De manera que acallaron a las mujeres que, por el color de su piel, no se merecían mayor atención. De todas formas, harían una visita al apartamento.

Si bien los policías John Balcerzak y Joseph Gabrish entraron en el 213 para revisar la vivienda, no percibieron nada fuera de lo normal. El apartamento olía mal, pero estaba muy limpio. Constataron que la ropa de Konerak se encontraba doblada y colocada en el sofá. Había un par de fotografías suyas en las que estaba semidesnudo.

Por su parte, el hombre rubio insistía en disculparse porque su amante había causado un disturbio y les prometió que no se repetiría. En ese mismo momento, el cuerpo de Tony Hughes se estaba descomponiendo en el suelo del dormitorio a un lado de la cama. ¿Cómo no lo vieron? La actuación de los oficiales aquella madrugada fue muy poco responsable. No hicieron ningún intento de comprobar la edad ni la identidad de Konerak Sinthasomphone, ni siquiera avisaron a su familia. Tampoco se preocuparon de identificar a Jeff Dahmer. ¿Era una consecuencia de los prejuicios raciales y de la eterna homofobia de las fuerzas del orden? La policía creyó simple y llanamente la coartada de Jeff. Los agentes no querían formar parte de una discusión doméstica semejante y salieron del apartamento, abandonando a Konerak a su suerte, sin ni siquiera investigar los antecedentes de Dahmer, lo cual les hubiera advertido de que estaban frente a un abusador de menores en libertad condicional.

Aquella fatídica noche, el chico laosiano murió estrangulado.

Días más tarde, al leer un artículo periodístico sobre la desaparición del niño laosiano, Glenda Cleveland, una de las mujeres que había auxiliado a Konerak en la calle, llamó de nuevo a la jefatura por considerar que podía aportar información. Nunca enviaron a nadie para hablar con ella.

En los meses siguientes, Dahmer cometería una serie de asesinatos. En un viaje a Chicago para celebrar el Día del Orgullo Gay, conoció a Matt Turner, de 20 años, otro joven afroamericano que anhelaba ser modelo.

Dahmer compró los billetes de autobús Greyhound y regresaron juntos a Milwaukee. Una vez en el edificio Oxford, siguió los pasos de siempre. La decimocuarta víctima murió estrangulada el 30 de junio de 1991. Luego le cortó la cabeza, la envolvió en una bolsa de plástico y la colocó en el congelador. Fue la primera vez que usó un barril azul de 220 litros que había adquirido recientemente para sumergir el torso en ácido.

El miedo seguía creciendo y haciendo mella en el entorno gay. El nerviosismo se agudizaba cuando echaban de menos a algún amigo que había dejado de asistir al bar donde habitualmente se veían. Se temía que hubiera un depredador actuando a escondidas, pero nadie sabía realmente si existía un agresor agazapado en un rincón de 2nd Street.

¿Fue la tensión latente y el inquietante ambiente generado por las sospechas lo que indujo a Dahmer a buscar una víctima en Chicago, donde nadie lo conocía? Nunca se supo. Lo cierto es que el 5 de julio regresó a esa ciudad y en el Carol's Gay Bar conoció a Jeremiah Weinberger, un puertorriqueño de sangre judía, de 23 años.

Alegre y extrovertido, Jeremiah asistía a una escuela de diseño. Seducido por Jeff, aceptó viajar hasta Milwaukee para pasar un día completo con él. Podría haber sido el inicio de un romance, dado el entusiasmo de ambos. Tanto fue así, que Dahmer pospuso el crimen 24 horas más hasta la hora del desayuno.

Cuando Jeremiah se despidió para regresar a su ciudad, el irreprimible asesino inició el sacrificio clavándole un puñal en el corazón y taladrándole el cráneo. Su cabeza también sería encontrada en el congelador.

Los cadáveres se amontonaban y el hedor era irrespirable; sin embargo, Jeff no pudo detenerse...

La decimosexta víctima murió el 15 de julio de 1991. Se llamaba Oliver Lacy, tenía 23 años y era un culturista negro tremendamente apuesto. Se habían cruzado en la calle y, una vez en el apartamento, Dahmer lo durmió con cloroformo. Sin embargo, se percató de que debía marcharse para cumplir el turno en la fábrica y temía que, durante su ausencia, Lacy se despertara y se fuera. Para evitarlo, decidió ausentarse del trabajo y comenzó su macabro ritual: lo estranguló, le cortó el bíceps derecho y se lo comió. A continuación, guardó la cabeza en el refrigerador al lado de una caja abierta de bicarbonato de sodio y guardó el corazón en el congelador para comérselo más tarde. El esqueleto se quedó para hacerle compañía.

Los dueños de Ambrosia Chocolate Co. estaban hartos de las imprevistas ausencias de Jeff, y decidieron suspenderlo. La reacción de Dahmer fue tan desenfrenada que, el 19 de julio, acabaron por despedirlo. Este mismo día, su apetito de carne fresca lo impulsó a seguir la caza e iniciar una conversación con un joven que estaba esperando el autobús con un paquete de seis cervezas: Joseph Bradehoft. Se había instalado en Milwaukee hacía muy poco y ese encuentro con un chico tan dulce y desprotegido, como aparentaba ser Jeff, lo enterneció. Tampoco quería rehusar la oportunidad de cobrar algo a cambio de unas fotos. Con solo 25 años, Joseph Bradehoft era padre de tres hijos, a los que debía mantener. Aquel dinero le vendría bien, salvo que ignoraba el infierno que le esperaba hasta llegar a ser la víctima número diecisiete. Bradehoft, en efecto, no vivió para contarlo. Su cuerpo quedó tendido en el dormitorio durante dos días hasta que la cabeza se infestó con gusanos. Jeff la limpió y depositó en el congelador junto con las de Turner y Weinberger e introdujo el torso en el barril azul.

Resultaba trabajoso conservar tantos cadáveres. Las partes de los cuerpos se repartían en distintos recipientes, muebles y aparatos eléctricos. Faltaba montar el altar y, cuando lo hiciera, cada pieza tendría su lugar. Un ritual cada vez más sofisticado, que seguramente no tendría fin a menos que alguien lo desenmascarara.

Como asesino en serie, Dahmer tenía su propio *modus operandi*. Primero el flirteo, luego la bebida con los somníferos y las fotos *premortem*. Una vez cometido el crimen, le sucedían las fotos *posmortem*, la necrofilia, los desmembramientos y el canibalismo, aunque siempre reservaba un margen para la improvisación. En este período, el tratamiento químico de los cuerpos y los trofeos le servían para conectarse con una dimensión mágica y superior... Sin embargo, a esas alturas, se había vuelto extremadamente descuidado.

Capítulo 5

TRACY EDWARDS Y LA CAPTURA DE DAHMER

La tarde del 22 de julio de 1991, Jeffrey Dahmer salió a buscar compañía. Era una más de tantas rondas. Precisaba reunir las piezas que le quedaban para montar el altar planeado y era una tarea apremiante.

Sin dar muchas vueltas, en un centro comercial, encontró a tres hombres y entabló conversación con ellos. Les ofreció 100 dólares por acompañarlo a su apartamento para posar desnudos en una sesión fotográfica. Beberían cervezas y lo pasarían bien.

Solo uno de ellos aceptó la invitación, Tracy Edwards, un hombre negro de aspecto menudo. Tenía 32 años y había llegado a Milwaukee un par de semanas atrás, escapando de una causa policial que le habían abierto en el estado de Misisipi. Edwards quería preservar su libertad a toda costa. Había tenido una vida difícil, y contaba con delitos menores en su haber. Criado en la calle desde su niñez, había aprendido a usar la astucia para sobrevivir. Era muy simpático y, sobre todo, un gran conversador. Se creía el protagonista de interesantes historias y le encantaba relatarlas. No se había enterado de la ola de desapariciones de los últimos meses, y Dahmer le había parecido un ser extraño pero divertido.

Al entrar en el apartamento, Edwards se percató del olor desagradable del ambiente. De lejos, observó unas cajas de productos químicos en el suelo de la cocina y supuso que eran la fuente del hedor. Pese a este primer impacto, después de un rato, se acostumbró a respirar el aire viciado del lugar.

Mientras escuchaba las anécdotas de su invitado, Dahmer le preparó un vaso de ron y cola, una bebida que a Edwards no le gustaba pero que aceptó por cortesía. Pronto percibió en Dahmer cierta renuencia a compartir la charla.

Deseaba actuar amigablemente con su anfitrión, pero las preguntas se agotaban. Se daba cuenta de que Dahmer respondía por obligación y, para cubrir los silencios, comenzó a relatar algunas experiencias de su vida sexual. Su impresión no estaba equivocada, porque Jeff ya se había cansado de escucharlo y no lo disimulaba.

Dahmer tenía un único propósito, y para llevarlo a cabo invitó a Edwards a ver sus peces tropicales. El invitado se acercó a la pecera. Se distrajo viendo los colores y los movimientos de las mascotas, incluso le preguntó a Jeff si los peces no luchaban entre sí. En vez de contestar, Dahmer, cogiéndolo por sorpresa, le colocó un par de esposas en la mano izquierda. Desprevenido, Edwards le preguntó por qué lo había hecho y reaccionó instintivamente sacudiendo su brazo. Aquel movimiento inesperado frustró el intento de Dahmer de esposarse con la argolla que quedaba libre para mantener a la víctima sujeta a él.

Edwards se sobrepuso y sonrió a Jeff. Tracy imaginó que se trataba de un juego de seducción para alimentar sus fantasías sexuales. Como no quería seguir adelante, pensó en marcharse. Solo necesitaba que le retirara las esposas. Pero Dahmer tenía otra idea en mente y había ido a la cocina en busca de un cuchillo. Era el momento de que su amante posara para él y lo obligó a entrar en el dormitorio.

Edwards observó las láminas de los hombres desnudos en la pared. Estaba desconcertado. No sabía si sentirse halagado por el deseo de Jeff o si corría peligro. Sentado en el borde de la cama, se mantuvo expectante sin bajar la guardia. Le intrigó un barril gigante de color azul situado en una esquina. Le pareció fuera de lugar, ¿a quién se le ocurriría tener en el dormitorio semejante contenedor? Además, olía muy mal; ¿qué inmundicia guardaría allí? Ignorando a Edwards, Dahmer cogió el control remoto para ver *El exorcista III* y se recostó en la cama sin desprenderse del cuchillo. Finalmente, Edwards resolvió acostarse junto a él. Había oscurecido. Dahmer se mostraba muy tenso. Era el turno de tomar las fotos y le pidió a su amante que se desnudara.

Edwards decidió desabrocharse la camisa, pero solo posaría si su anfitrión le quitaba las esposas y guardaba el cuchillo. Sabía negociar; a lo largo de su vida había aprendido a protegerse ante situaciones sórdidas y reconocía los códigos violentos de la calle. Sabía lo que era el miedo de estar a merced de extraños.

Trataba de ser cauto; cada movimiento sería crucial para huir de allí. Insistió. Volvió a pedir a Dahmer que se desprendiera del arma; de lo contrario, no posaría para él. Después se hizo un largo silencio.

Por momentos, Jeff se abstraía. Con la mirada enfocada en el televisor, canturreaba la música de la película. Tracy estaba atemorizado, no toleraba sus evasivas ni esa manía de dar órdenes. Dudaba sobre cómo comportarse; no sabía si actuar de manera dócil y someterse a la arbitrariedad de Jeff. De algo estaba seguro: se mantendría en guardia.

Sin previo aviso, Dahmer descansó la cabeza sobre el pecho de su víctima y, con el cuchillo presionando una de las tetillas, le comunicó el deseo de comerse su corazón. Edwards empezó a entrar en pánico. Debía saltar desde una ventana o correr por la puerta principal tan pronto surgiera la oportunidad. Le preguntó a Jeff si le molestaría que fuera al baño. Le dijo que prefería sentarse en el sofá de la sala, donde no olía tanto; además, podrían beber cerveza para apagar el calor. Tuvo suerte, porque Dahmer lo consintió.

Habían pasado más de tres horas desde su llegada. El hombre solicitó usar el baño de nuevo y Jeffrey, cansado, se incorporó con él. Esta vez, Edwards se atrevió a dar un puñetazo a la cabeza de aquel demente que lo tenía encerrado y darle una patada apuntando a su estómago.

Jeffrey perdió el equilibrio y Tracy se animó a escapar por la puerta principal. Todo el cuerpo le temblaba y optó por bajar las escaleras, ya que no soportaría esperar el ascensor. Al ver el coche policial, volvió a confiar en Dios.

Cuando regresó al domicilio de Dahmer acompañado por los oficiales Rolf Mueller y Robert Rauth, a quienes había contado lo sucedido, Edwards se sintió en peligro otra vez. No bastaba con que los dos policías estuvieran con él. Por su parte, los agentes se mostraron decididos a entrar en el apartamento y buscar las llaves de las esposas. También pretendían corroborar el relato del hombre esposado y su historia sobre el cuchillo.

Al abrirles la puerta, Dahmer intentó aparentar calma. No eludió las preguntas y permitió que Mueller fuera a buscar las llaves. Fue entonces cuando el oficial descubrió las fotografías, unas imágenes desconcertantes de cuerpos mutilados. Como fondo, aparecían retratados los muebles de aquella lóbrega habitación. Por lo tanto, eran reales. Debían apresar al inquilino del apartamento.

Jeff luchó y se resistió lanzando alaridos tan espeluznantes como las mismas imágenes que el oficial acababa de encontrar. Parecía rabioso, pero lograron dominarlo. Asimismo, Rolf Mueller y Robert Rauth fueron los primeros policías en descubrir los restos humanos guardados en el congelador. A partir de ahí aquel caso tomó unas dimensiones inesperadas. Dahmer tendría que ser interrogado en la jefatura y pidieron refuerzos.

El interrogatorio: el alivio de sincerarse

En la sala de interrogatorios, los detectives Patrick Kennedy y Dennis Murphy se sentaron frente a Jeff para preguntarle sobre los hallazgos realizados en su domicilio. Fue el comienzo de 60 horas de entrevistas que se extendieron a lo largo de varias semanas. Las sospechas de que podía ser el autor de crímenes en serie se confirmaron rápidamente gracias a la espontánea confesión del detenido, que renunció a su derecho de contar con un abogado durante el interrogatorio. Quería ser honesto y poner fin al horror en el que vivía. Sin mayores presiones de los policías, Dahmer admitió haber asesinado a 16 hombres en Wisconsin, a partir de 1987, y a Steven Hicks, en Ohio, en 1978.

Se sentía atormentado y necesitaba desahogarse. No podía seguir viviendo de la manera en que lo hacía. Asumió la responsabilidad de sus actos, pero aclaró que sufría un trastorno mental que le imposibilitaba comportarse como una persona normal. Al describir el incremento de asesinatos de los últimos meses, habló acerca de la impotencia que sentía al no poder detenerse:

> —Fue un deseo incesante e interminable de estar con alguien a cualquier precio —explicó.

Dahmer no paraba de fumar. Alternaba el consumo de cigarrillos con un café o un refresco. La docilidad con la que afrontó las entrevistas sirvió para conocer los detalles de su rutina criminal. Aseguró que, la mayoría de las veces, las víctimas estaban inconscientes antes de matarlas, y que generalmente las estrangulaba con una correa o con sus propias manos, aunque en alguna ocasión había matado con cuchillo.

También admitió que otras víctimas habían muerto poco después de inyectarles ácido o agua hirviendo en el cerebro. Como no recordaba haber cometido el crimen de Steven Tuomi, supuso que había intentado extraerle el corazón, debido a que tenía algunas costillas rotas. Pero su intención no había sido asesinarlo.

La trascripción de su confesión llenó 159 páginas. Habló de muchísimos temas; siempre describía minuciosamente cada detalle, incluso ahondaba en ellos con comentarios morbosos. Así contó, por ejemplo, su ritual caníbal describiendo la consistencia de la carne y su sabor, si le había resultado tierna o parecido dura, y lo hacía en un tono monocorde, sin sobresaltos, incluso al describir el uso de un mazo para ablandar la carne y poder comer unos bíceps. También mencionó haber consumido hígados y corazones.

Dennis Murphy se daba cuenta de que Jeffrey estaba avergonzado. Al principio no estableció contacto visual con los detectives, pero hacia el final de su confesión fue capaz de mirarlos.

En todos los asesinatos cometidos en el 213 del edificio Oxford, había retratado los cuerpos desnudos de las víctimas en posiciones sugerentes antes del desmembramiento.

Se gratificaba con verlos con el pecho hacia afuera. Para descuartizarlos, primero extraía los órganos internos y luego suspendía el torso para que la sangre drenara en la bañera, antes de cortar los miembros de las articulaciones y retirar la carne. Cuando deseaba preservar las piezas óseas, las sumergía en una solución de lejía. Era el mismo método que aplicaba con los cráneos que decidía conservar.

En algunas circunstancias, pulverizaba los huesos. Asintió cuando le preguntaron si había practicado la necrofilia, y agregó haberse masturbado con las vísceras. Lo justificó diciendo que los pensamientos destructivos lo acuciaban y no se le iban de la cabeza. Por eso debía repetir aquel ritual una y otra vez.

Cuando se le preguntó sobre la conservación de siete cráneos y dos esqueletos completos, explicó que estaba a punto de construir un altar privado. Colocaría los esqueletos de Ernest Miller y Oliver Lacy en los laterales de una larga mesa de color negro. Iba a retirar la carne de las cuatro cabezas cortadas y refrigeradas, que también colocaría en el altar, al igual que el cráneo que le faltaba conseguir para concretar su plan en el momento de ser arrestado. Pretendía contar con un lugar dedicado a la meditación, para aumentar su poder personal. Su idea era encender varillas de incienso y colgar una gran lámpara de esferas de luces azules que colgarían de un plafón central. En la ventana, pensaba colocar cortinas de color oscuro, preferentemente negras, y poner una silla de cuero negro en el extremo de la mesa.

> —Si el arresto hubiera sucedido seis meses después, es lo que hubieran encontrado— llegó a decir y agregó — Tendría que mudarme y encontrar un lugar para poner todas mis posesiones. ¿Debería comprar un cofre y

> guardar lo que quería conservar y deshacerme del resto? ¿O debería poner fin a esto, tratar de detenerme y buscar un camino mejor para mi vida? Eso es lo que estaba pasando por mi mente la semana pasada.

Conforme iban pasando los días de arresto, Dahmer se sentía más relajado. Día a día iba cogiendo confianza con los detectives. Entonces, se animó a intercalar en el relato de los hechos reflexiones propias que expresaban una parte de su esencia:

> —Sí, tengo remordimientos, pero ni siquiera estoy seguro de si es tan profundo como debería ser. Siempre me he preguntado por qué no siento más remordimiento.

Dahmer estaba espantado de sí mismo. Cada vez se hacía más evidente su necesidad de descargar. Cuanto más hablaba, más profundamente se hacía escuchar:

> —Creé este horror y solo tiene sentido que haga lo posible para ponerle fin, un final completo. Es solo una pesadilla, digámoslo así. Ha sido una pesadilla durante mucho tiempo, incluso antes de que me descubrieran, durante años. Creo que, en el fondo, quería que terminara, incluso si eso significaba mi propia destrucción. Este es el gran final de una vida malgastada y el resultado es abrumadoramente deprimente. Es solo una historia de vida enferma, patética y miserable, eso es todo. Ni siquiera sé si tengo la capacidad de tener emociones normales o no, porque no he llorado durante mucho tiempo.

Sufría una crisis interior y, al tener a un interlocutor que le prestaba atención, pareció descender hasta el mismo infierno de su compulsión:

> —Si hubiera pensado racionalmente, me habría detenido. No pensaba racionalmente, porque solo iba a más y más. Era casi como si quisiera llegar a un punto donde estuviese fuera de mi control y no hubiese retorno. Es decir, fui muy cuidadoso durante años y años, ya sabes. Muy cuidadoso, muy cuidadoso para asegurarme de que no quedara nada incriminatorio. Pero en estos últimos meses, simplemente parecía estar en un frenesí. Todo se vino abajo. En mi cabeza todo comenzó a derrumbarse.

Sin duda, necesitaba purificarse para que no quedara ninguna oscuridad dentro de sí. A veces incluso se mostraba como un hombre de fe:

> —Algo más fuerte que mi voluntad consciente lo hizo posible. Creo que un poder superior se volvió bueno y, harto de mi actividad, decidió ponerle fin. Realmente no creo que haya ninguna coincidencia. Si no me hubieran atrapado, o no hubiera perdido mi trabajo, todavía lo estaría haciendo. Estoy bastante seguro de eso. Seguí haciéndolo y haciéndolo y haciéndolo, a pesar de la falta de satisfacción duradera.

El detective Dennis Murphy pensó que Dahmer podía sentir culpa por sus acciones incontrolables y que, mayormente, se consideraba un ser malvado sin redención:

> —Es difícil para mí creer que un ser humano pueda hacer lo que yo hice, pero sé que lo hice. Qué arrogante y estúpido por mi parte pensar que podría hacer algo como esto y seguir mi vida normalmente como si nada hubiera pasado. Dicen que cosechas lo que siembras, bueno, es verdad, lo haces, finalmente... Siempre me he

preguntado, desde el momento en que cometí ese horrible error, pecado, con Hicks, si estaba predestinado y no había forma de que pudiera haberlo cambiado.

Los detectives que interrogaron a Dahmer pudieron aprender mucho sobre cómo era la conducta de un asesino en serie, hasta el punto de llegar a conocer su misteriosa razón para matar:

> —No sé cómo decirlo. No me satisfizo por completo un asesinato, así que tal vez estaba pensando que otro lo haría, y los números comenzaron a crecer y crecer, y se descontroló, como puedes ver.

Y tenía miedo por haber sido atrapado:

> —Es como si me hubieran arrancado una gran parte de mí y no estuviera completo. La muerte sería preferible a lo que estoy enfrentando. Cuando empiezo a pensar en cómo está afectando a las familias de las víctimas, a mi familia y todo, me resulta doloroso. Simplemente me molesta mucho... Tan solo tengo ganas de explotar, ¿sabes? Solo quiero ir a algún lado y desaparecer.

El sueño americano se había escurrido de las manos de Dahmer:

> —Debería haber ido a la universidad y tener mi propia casa y comprarme un acuario, eso es lo que debería haber hecho. Estoy enfermo y cansado de ser destructivo. ¿Para qué vale la pena vivir si no puedes ayudar a alguien?

A su modo, él contribuyó con la investigación. Gracias a su testimonio, se pudo realizar la reconstrucción de los homicidios y se identificaron las partes desmembradas de los cuerpos de 11 hombres.

Foto de la ficha policial de Dahmer en su última detención, en 1991, que lo llevaría a prisión.

Imputaciones y consecuencias

La fianza de Dahmer se estableció originalmente en un millón de dólares en efectivo. Sin embargo, el 6 de agosto de 1991 se elevó a cinco millones, cuando se agregaron ocho cargos más, y fue acusado de 15 crímenes en el estado de Wisconsin. No fue acusado del intento de asesinato de Tracy Edwards; tampoco fue incriminado por el asesinato de Steven Tuomi, porque el fiscal de distrito del condado de Milwaukee consideró que no podría probarse.

El 14 de septiembre del mismo año, se descubrieron cientos de fragmentos de huesos en el bosque, detrás de la casa de Bath. Se hallaron dos molares y una vértebra, y se comprobó mediante un examen de rayos X que pertenecían a Steven Hicks. Tres días después, Dahmer fue acusado por las autoridades del estado de Ohio de ser el autor del asesinato. Al enterarse, se lamentó:

> —Desearía no haberlo hecho.

A raíz de la confesión de Dahmer y con las pruebas que demostraban la muerte de Konerak Sinthasomphone, los oficiales Joseph Gabrish y John Balcerzak fueron despedidos del cuerpo de policía. Se los responsabilizó de abandonar a un menor de edad sin realizar las averiguaciones pertinentes. Gabrish había patrullado las calles de Milwaukee durante siete años y se defendió ante la prensa, convencido de haber obrado correctamente:

> —Estamos entrenados para ser observadores y detectar cosas. Simplemente no había nada que destacara, o lo hubiéramos visto. He estado haciendo esto durante un tiempo y, por lo general, si algo destaca, se detecta. Allí no había nada.

Pero este argumento no sirvió para persuadir al común de la gente. Y le sorprendió que su nombre apareciera escrito en las pancartas de las protestas callejeras en las que se le acusaba de racista y homofóbico.

Tracy Edwards solía decir que Dios lo había enviado para detener una cadena de hechos aberrantes. Sin embargo, la fama de haber contribuido al arresto de Jeff duró poco, ya que fue arrestado por la policía de Misisipi debido a la agresión sexual que cometió a una menor de 14 años.

Más tarde, comenzó a acumular cargos por posesión de drogas, robo y daños a la propiedad. Generalmente sin hogar, sus días transcurrían entre un refugio y otro. Hasta que el 26 de julio de 2011, con 52 años, fue acusado de homicidio por arrojar a un hombre desde un puente de Milwaukee. Después de escapar de la muerte en 1991, ahora ya no podía seguir huyendo.

Capítulo 6

MENTALMENTE PERTURBADO, LEGALMENTE SANO

El 13 de enero de 1992, en el condado de Milwaukee, se celebró la audiencia preliminar a cargo del juez Laurence Gram. En ella, Jeffrey Lionel Dahmer se declaró culpable de 15 asesinatos en primer grado, con el atenuante de haberlos cometido en estado de enajenación.

Si bien en un principio, el abogado Gerard P. Boyle había aconsejado a su cliente declararse «no culpable por enajenación mental», más tarde decidió cambiar de estrategia y modificar la alegación de la defensa para que se declarara «culpable, pero enajenado mental», una imputación contemplada por la legislación de Wisconsin. Básicamente, dentro de las directrices legales aplicadas en aquel estado, una persona no era responsable de su acción criminal si, al llevar a cabo el delito, carecía de la capacidad sustancial para apreciar la ilicitud de su conducta y su inadecuación a los requisitos de la ley.

La inesperada declaración de Dahmer provocó que el juicio girase en torno a la controversia sobre el estado de su salud mental en el momento de cometer los crímenes. Desde la apreciación de la defensa, Dahmer padecía un trastorno que le impedía controlar sus actos homicidas. Nadie dudaba de que, a pesar de ello, permanecería encerrado el resto de sus días.

No obstante, había que dirimir si debían recluirlo en un hospital psiquiátrico o en una cárcel, donde no tendría grandes posibilidades de sobrevivir, ya que quedaría expuesto al castigo de los propios compañeros de prisión. Precisamente, Boyle había modificado la alegación del acusado con la intención de salvaguardar su vida. Si la defensa ganaba el caso, Dahmer pasaría el resto de sus días en una institución para enfermos mentales; por el contrario, si lo perdía, su destino sería incierto. Así pues, el futuro de Dahmer dependía del resultado del juicio.

El anuncio a la prensa del cambio de estrategia provocó un rechazo generalizado. La sociedad no se mostraba dispuesta a brindar ninguna clase de beneficio al Caníbal de Milwaukee.

Sin embargo, el giro en la perspectiva de la defensa se fundaba en la consideración de algunas eminencias de la criminología, entre ellas, Robert K. Ressler. Aunque estaban convencidos de que Dahmer era culpable de sus crímenes desde el punto de vista legal y médico, al mismo tiempo reconocían en él un comportamiento que merecía plantear un caso de locura.

Dahmer no parecía responder totalmente al perfil de un asesino en serie «organizado» y legalmente cuerdo. Pero su conducta tampoco se correspondía completamente con el perfil de un asesino en serie «desorganizado», de naturaleza psicótica o que, debido a su patología, había obrado como un demente. En casos como este, los expertos preferían hablar de asesinos «mixtos». No tenían dudas de que padecía un trastorno grave, aunque en apariencia se mostrara lúcido y consciente de sus actos.

Como asesor de la defensa, la opinión de Ressler había resultado decisiva porque planteaba una alternativa: que el tribunal considerase al acusado como alguien carente de sano juicio al cometer los crímenes. Desde esta visión, Ressler no se pronunciaba a favor ni en contra de la inocencia del acusado, sino que admitía su condición de enfermo mental.

El pueblo contra Jeff Dahmer

El juicio comenzó el 30 de enero de 1992. Debido a la resonancia del caso y la magnitud del rechazo social, se temía que pudiera haber un atentado. En consecuencia, se implementaron medidas de seguridad extremas para prevenir un posible ataque por venganza. A tal efecto, se dispuso una mampara de vidrio y acero antibalas de 2,5 m de altura, que dividía la sala del tribunal e impedía el libre acceso del público al área donde se encontraba el acusado.

Durante las dos semanas que duró el juicio, la sala del tribunal fue revisada cada día con perros entrenados especialmente para detectar explosivos. Además, el público debía pasar por un detector de metales antes de entrar. De los 100 asientos disponibles para presenciar el juicio, 34 estaban reservados a los familiares de las víctimas, 43 destinados al público en general y 23 fueron ocupados por reporteros gráficos de la prensa local, además de las agencias internacionales de noticias. El padre de Jeffrey, Lionel, y su segunda esposa, Shari, asistieron cada día. Entre la prensa, se contaban Edwards Walsh, del *The Washington Post*; Anne Schwartz, del *Milwaukee Journal*, y Donald Davis y Brien Masters, dos periodistas independientes que, consumado el juicio, publicaron los primeros libros dedicados a la vida de Jeffrey Dahmer, convirtiéndose rápidamente en superventas.

Debido al interés nacional que había suscitado el caso del Caníbal de Milwaukee, su juicio fue televisado. Dahmer se había convertido en una celebridad, pero en un sentido negativo. Era imposible mostrarse indiferente ante las atrocidades que salían a la luz después de oír los testimonios de los participantes en el juicio. Resultaba difícil aceptar que había descuartizado a las víctimas y que había llevado a cabo actos de canibalismo y necrofilia.

Desde el punto de vista moral, la población general ya lo había sentenciado. Una inmensa mayoría deseaba que Jeff se pudriera en la cárcel. La comunidad afroamericana se sentía desgarrada y no concedía el perdón. ¿Quién estaría dispuesto a admitir la demencia de Dahmer y consentir que viviese recluido en una institución para enfermos mentales?

El fiscal del condado, E. Michael McCann, debía probar ante el tribunal que el asesino había sido plenamente consciente y responsable en el momento de matar. Por su parte, el abogado defensor afirmaba que había actuado más allá de su voluntad y su consciencia. El mismo acusado reconocía que lo que había hecho estaba mal, pero afirmaba que no pudo evitarlo, ya que un arrebato interior lo impulsaba a obrar fuera de control. Para Gerard P. Boyle, el gran desafío residía en convencer al jurado de la existencia de un desorden sexual identificado como «necrofilia».

Tal fue el punto de partida de los alegatos de la fiscalía y la defensa. Las declaraciones de apertura del juicio dejaron en claro que los miembros del jurado tendrían que deliberar sobre si Dahmer era o no capaz de controlar sus impulsos asesinos en el momento de matar. Entre los 12 integrantes del jurado, había una sola persona de origen afroamericano. Los miembros de la comunidad negra consideraron injusta aquella proporción, dado el alto número de víctimas de color que figuraban en el listado de homicidios expuesto en la sala. Sin embargo, pese a las quejas y exclamaciones, el proceso siguió adelante.

Diagnósticos dispares

Tras evaluar la condición mental del acusado durante los meses anteriores al juicio, un conjunto de profesionales de la salud fue convocado para comparecer en la sala. Todos ellos eran expertos en psiquiatría forense y psicólogos especializados en desviaciones sexuales. Habían mantenido largas sesiones con Dahmer con el objeto de determinar, científicamente, si padecía un desorden mental o un trastorno de la personalidad que atenuara su sentido de la responsabilidad al asesinar. De ser así, tendrían que fundamentar su diagnóstico. Para ello, antes de testificar, también habían visitado la escena del crimen, revisado las pruebas y reconstruido la vida del acusado, con la finalidad de obtener la máxima información y fortalecer los argumentos de la defensa o de la acusación, respecto a la inocencia o la culpabilidad.

Tres profesionales habían sido convocados por parte de la defensa para explicar los motivos de las aberraciones sexuales de Dahmer, producto de la necrofilia. En primer lugar el doctor Frederick Berlin, director de la Unidad de Consulta de Comportamiento Sexual en el Johns Hopkins Hospital de Baltimore. El especialista declaró que el acusado no tenía

Jeffrey Dahmer entrando en la sala donde se llevó a cabo el juicio.

control sobre su conducta en el momento de cometer los crímenes, porque sufría una clase de parafilia, es decir, de desviación sexual.

Explicó que perseguía el placer con sadismo, a través del contacto con seres inanimados. Dahmer tenía la «mente rota», aseguró Berlin. Para que todos lo entendieran con claridad, comparó su aflicción con un «cáncer de la mente». No podía dejar de pensar en mantener un vínculo sexual con cadáveres; sus pensamientos no desaparecían según su voluntad. La necrofilia no era una cuestión de libre albedrío.

Con la intención de desacreditar la autoridad del doctor, el fiscal McCann aprovechó la ocasión para cuestionar su diagnóstico, dadas las escasas horas que había destinado a evaluar al acusado. McCann cogió al médico por sorpresa y, tras un interrogatorio enredado, logró que admitiera que Dahmer era un mentiroso. Sin embargo, Berlin no se dejó amedrentar:

> —No es preciso ser «tonto o estúpido» para ser un perturbado. Dahmer puede ser astuto, engañoso y mentiroso, y aún así padecer una enfermedad mental.

La segunda experta seleccionada por la defensa fue la doctora Judith Becker (psiquiatra forense, especializada en la evaluación de delincuentes sexuales de la University of Arizona). Becker llevaba un extenso informe escrito y se abocó a su lectura. Para la doctora, las percepciones de Dahmer estaban distorsionadas. Analizó pormenorizadamente los acontecimientos vividos durante su infancia, por considerar que su trastorno se había originado allí. También hizo un minucioso recuento del desarrollo de su vida y de su modo de asesinar.

A los cinco años, había invitado a un amigo a introducir su mano en un nido de avispas. Después, apareció su angustiosa fascinación por el interior de los animales. Más tarde, el descubrimiento de su homosexualidad y, posteriormente, el canibalismo. La doctora Becker compartió detalles escalofriantes de los actos sexuales que el acusado le había relatado, y se explayó sobre el uso de un taladro para perforar cabezas y realizar lobotomías. Igual que su colega, destacó la incapacidad de Dahmer para controlar sus impulsos. Respaldó el diagnóstico de necrofilia y agregó el de demencia.

El último experto llamado por la defensa fue el psiquiatra forense Carl Wahlstrom, quien testificó:

> —El señor Dahmer es un hombre blanco de 31 años, con una larga historia de enfermedades mentales graves, que esencialmente no recibieron tratamiento. La estructura de su personalidad es extremadamente primitiva, con ideas extrañas y delirantes.

El deseo de convertir a un ser humano en zombi y la intención de crear un templo con restos humanos indicaban que era delirante y, por lo tanto, psicótico. La enfermedad mental que sufría era grave y requería tratamiento continuo. Finalmente, el doctor Wahlstrom diagnosticó un conjunto de desórdenes asociados, entre ellos: trastorno límite de la personalidad, trastorno esquizotípico, necrofilia, dependencia del alcohol y trastorno psicótico.

El punto de vista de la fiscalía resultaba diametralmente opuesto. En esencia, Dahmer tenía la capacidad de resistir sus impulsos. Había estado en plenas facultades mentales en el momento de planificar y materializar los homicidios, y sabía distinguir perfectamente entre el bien y el mal. Cualquier desorden que tuviese no lo privaba de la capacidad de entender la criminalidad de su conducta. Michael McCann aseguró que el acusado controlaba sus impulsos y que la justificación de sus crímenes resultaba una gran mentira.

Los expertos convocados para testificar por la fiscalía debían determinar si padecía un trastorno de la personalidad o si se trataba de una persona extraordinariamente malvada. El primero en declarar fue el psiquiatra forense Phillip Resnick (director de Psiquiatría Forense en la School of Medicine de la Case Western Reserve University de Cleveland, Ohio). Según su breve diagnóstico, Dahmer no sufría de necrofilia primaria, porque prefería parejas sexuales vivas.

El psiquiatra Frederick Fosdal fue el segundo experto en declarar por la fiscalía. Había entrevistado a Dahmer cuatro veces en los últimos cuatro meses durante un total de 17 horas. Desde su punto de vista, el acusado no tenía ninguna enfermedad mental o defecto en el momento de cometer los asesinatos. Describió a Dahmer como un individuo calculador y astuto que controlaba sus acciones, capaz de diferenciar entre lo correcto y lo incorrecto.

Fosdal estaba de acuerdo con la defensa en que Jeffrey Dahmer sufría necrofilia, pero este trastorno no le hacía perder el control en el momento de matar. Si bien las necesidades sexuales patológicas podían haber causado los crímenes, no significaba que fuera un hombre sin consciencia del mal que cometía. Por el contrario, era una persona involucrada en delitos sexuales para su propia satisfacción, alguien que contaba con la capacidad de cumplir con los requisitos de la ley.

El tercer experto que compareció a petición de la acusación fue el psiquiatra forense Park Elliot Dietz (profesor de Psicología y Psiquiatría en la University of California, Los Angeles). Dedicado al análisis psicológico de los asesinos en serie, era uno de los principales perfiladores criminales de Estados Unidos en la época del juicio, y dio un escrupuloso testimonio en el que debatió los conceptos vertidos por los colegas convocados por la defensa.

El doctor Dietz no creía que Dahmer padeciera una enfermedad o un defecto mental en el momento de cometer los crímenes. Había hecho todo lo posible para estar solo con sus víctimas y no tener testigos. Sus homicidios no habían sido impulsivos, pues existía una amplia prueba sobre la preparación de cada asesinato de antemano. Asimismo, el hábito de Dahmer de intoxicarse antes de cometer los asesinatos era una prueba en sí mismo:

> —Si tuviese la compulsión de matar, no necesitaría beber alcohol. Tenía que beber alcohol para superar su inhibición y llevar adelante el crimen que preferiría no hacer.

Dietz proporcionó un análisis sobre la identificación del acusado con personajes malvados y corruptos de *El retorno del Jedi* y *El exorcista III*, destacando la importancia de ambas películas sobre la psique de Dahmer, porque lo habían inspirado antes de salir a buscar a cada víctima.

Para terminar, este analista de asesinos en serie diagnosticó un trastorno por uso de sustancias, parafilia y un trastorno esquizotípico de la personalidad, males que no lo condicionaban para actuar con locura en el momento de matar. No creía que Dahmer pudiera clasificarse como sádico, ya que había tenido la intención de evitar el sufrimiento. Asimismo, admitió que no se hallaba en un estado óptimo para adecuar su conducta a los requisitos de la ley en los dos últimos asesinatos. Pero lo atribuyó a la intoxicación por alcohol, antes que a las consecuencias de una enfermedad mental.

Por determinación del juez, el tribunal también designó dos profesionales de la salud mental especializados en perfiles criminales: el psiquiatra forense George Palermo y el psicólogo clínico Samuel Friedman. La finalidad era proporcionar al jurado una evaluación de carácter neutral acerca del estado mental del acusado en el momento de concretar los crímenes. Así, ambos analistas testificaron con un enfoque independiente de la defensa y la fiscalía.

El doctor Palermo declaró que Dahmer experimentaba una emoción básica de hostilidad. Se trataba de sentimientos primarios e inconscientes de odio, que había canalizado de manera programada. Había matado a esos hombres porque quería destruir la fuente de su atracción homosexual. Al asesinarlos, destruía aquello que odiaba de sí mismo. Debido a una incapacidad «crónica» para establecer relaciones, Dahmer se había convertido en un sádico sexual. Sus tendencias agresivas y hostiles condicionaron su comportamiento asesino, y los impulsos sexuales se convirtieron en un medio para expresar su poder aniquilador. En su diagnóstico, caracterizó al acusado como un sádico sexual con trastorno de personalidad antisocial, legalmente cuerdo. A la vez, negó que hubiera evidencia para respaldar un diagnóstico de necrofilia.

El doctor Friedman fue el último experto en testificar. Negó que el acusado fuera psicótico. Desde su perspectiva, fue un anhelo de compañía lo que motivó que matara. Lo describió con carácter amable, agradable, cortés y con sentido del humor. Era un joven brillante. Diagnosticó a Dahmer un trastorno de personalidad no especificado, con rasgos obsesivo-compulsivos y sádicos. Concluyó que Dahmer estaba cuerdo. Tenía la oportunidad de comportarse de manera diferente y, en cambio, había resuelto matar planeando los asesinatos.

Visto para sentencia

El 14 de febrero se presentaron los alegatos finales al jurado. El letrado a cargo de la defensa argumentó primero. Gerard Boyle retrató a Jeffrey como un individuo desesperadamente solitario y profundamente enfermo, tan fuera de control que ya no podía decidir sobre su conducta. Únicamente alguien que no se encontrara en sus cabales podía cometer actos tan terribles como los descritos durante el juicio. Empeñado en la estrategia de convencer a todos sobre la locura de su cliente, no ahorró detalles sobre la

DAILY MIRROR, Friday, July 26, 1991 Page 7

THE CANNIBAL

Face of madman who killed 17 and ate them

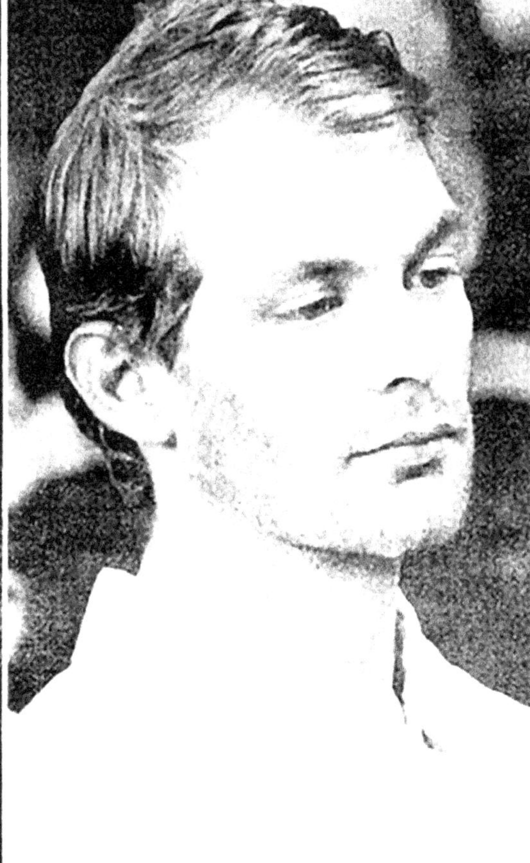

EVIL: Dahmer in court yesterday. When young he used acid to scrape the meat off dead animals

THIS is the face of real-life Silence Of The Lambs killer Jeffrey Dahmer who has confessed to butchering 17 men.

"Even when he was quite young he liked to use acid to scrape the meat off dead animals."

Torture

Smell

The sick killer was arrested after an intended victim escaped and was found by police running down a street - his hands still handcuffed.

'Butcher' link on air base

CANNIBAL Jeffrey Dahmer is suspected of killing five women in Germany while serving with US forces.

The women were all murdered and their bodies mutilated near an air base where he was stationed as a medical orderly more than ten years ago.

A public prosecutor in the town of Bad Kreuznach told a German newspaper yesterday: "We have a burning interest in Dahmer. We are checking to see if he could be the killer."

He said there were similarities between the murders even though all the German victims were women and only men were murdered in Milwaukee.

NUT IS COURT NAPPING

Gorby woos all workers

SOVIET President Mikhail Gorbachev yesterday urged the Communists to abandon their role as the party of the working class and embrace all working people.

NEW JOBS AXE

La prensa siguió de cerca el juicio de Dahmer. En la imagen, el periódico *Daily Mirror*, que no dudó en usar el apodo «Caníbal de Milwaukee».

truculenta conducta de Dahmer y sus descarríos sexuales. Al referirse al escabroso mundo de la necrofilia y el canibalismo frente al jurado, Boyle explicó:

> —Se comió partes del cuerpo, para que estas pobres personas que él mató volvieran a vivir en él. No era un hombre malvado, era un hombre enfermo.

Varios de los profesionales habían confirmado que padecía una enfermedad que él no eligió, y que esta le empujaba a cometer asesinatos de manera compulsiva.

Para ser más persuasivo, el defensor dibujó un gráfico sobre una tabla. Trazó una gran circunferencia, en el centro de la cual se encontraba Jeffrey Dahmer. Desde él partían innumerables radios que representaban cada una de las múltiples manifestaciones de su desviación: la colección de cráneos como trofeo, el canibalismo, los deseos sexuales perversos, las perforaciones realizadas en la cabeza de las víctimas para transformarlas en zombis, la necrofilia, el alcoholismo, el proyecto de montar un santuario, el contacto con taxidermistas, la intención de desenterrar un muerto, el masturbarse con vísceras, y muchas otras más. Ese era Jeffrey Dahmer: «un tren desbocado en un camino de locura».

A pesar de la naturaleza horrorosa de los actos de Dahmer, el fiscal del condado de Milwaukee, E. Michael McCann, argumentó que el acusado siempre había tenido control de sí mismo. Había elegido a sus víctimas con cuidado, solo actuaba cuando se le presentaban oportunidades para asesinar y las desmembraba para no ser atrapado. Las víctimas no tenían coche, porque sabía que el vehículo serviría para localizar a las personas desaparecidas. Se trataba de un hombre que sentía inclinación por los hombres, pero no quería que el deseo terminara allí. Quería que continuara siguiendo sus condiciones.

Dahmer era un hombre sano, con control de sus acciones; simplemente, se había esforzado por no ser detenido. Sus crímenes eran el producto de la hostilidad, la ira, el resentimiento y la frustración. Solo quería procurarse placer sexual e intentaba escapar de la responsabilidad. Sin embargo, sabía que sus acciones estaban mal. «Era un hombre malvado»; la brújula moral en él brillaba por su ausencia.

El 15 de febrero de 1992 se conoció el veredicto del jurado. Después de cinco horas de deliberación, se lo consideró culpable de 15 cargos de asesinato. El acusado no sufría un trastorno mental en el momento de cometer cada uno de los homicidios, aunque dos de los 12 miembros del jurado habían manifestado su disentimiento.

El juez Gram dictaminó que la acusación había sido probada y lo declaró sano. La pena de muerte no era una opción en el estado de Wisconsin, y lo sentenció a 15 condenas de cadena perpetua. El acusado tendría que permanecer más de 900 años en prisión y sería transferido al Columbia Correctional Institute, en Portage, Wisconsin, para cumplir la sentencia.

Tres meses después fue extraditado a Ohio, donde se le declaró culpable por el asesinato de su primera víctima, Stephen Hicks, en una audiencia que no duró más que 45 minutos. Allí, el 1 de mayo de 1992, fue sentenciado a 16 años de prisión.

Capítulo 7

ÚLTIMOS AÑOS

En febrero de 1992, tras la sentencia del tribunal del condado de Milwaukee, Dahmer fue transferido a una prisión de máxima seguridad, el Columbia Correctional Institute de Portage, Wisconsin, para cumplir 15 cadenas perpetuas. Salvo el breve traslado al estado de Ohio para ser juzgado por el crimen de Steven Hicks (1 de mayo de 1992), Jeff cumplió sus condenas en el correccional de Portage. Debido a su historial criminal, las autoridades de la penitenciaría consideraron más seguro mantener al convicto aislado del resto de la población carcelaria. Así, durante su primer año de encierro, permaneció en una unidad de confinamiento solitario para evitar el contacto con otros reclusos.

Fueron meses muy duros para Jeff, por lo que al siguiente año solicitó el traslado a una unidad donde pudiera desarrollar actividades de servicio e interactuar con otros convictos. Dado su buen comportamiento durante los primeros meses en prisión, su solicitud fue aceptada y fue transferido a una celda individual dentro de una unidad que recluía presos con problemas psiquiátricos. Gracias a este cambio, comenzó a realizar tareas de limpieza y asistir a un comedor con los demás presos.

Jeff tenía un agudo sentido del humor y se permitía realizar bromas vinculadas con su pasado. En cierto modo, seguía siendo el de siempre. Le surgían ocurrencias claramente corrosivas para ganarse la simpatía de los demás, como escribir en un cartel el anuncio de una reunión de «Caníbales Anónimos». Con ironía, alertaba a los prisioneros y a los guardias que lo vigilaban, diciéndoles: «Muerdo». Después se reía de las reacciones que generaba. A veces, jugaba con los alimentos servidos en la bandeja. Modelaba con ellos partes del cuerpo o las distintas extremidades y las salpicaba con salsa de tomate como si fuera sangre, lo cual provocaba gran desconcierto.

Dahmer le había pedido un ejemplar de la Biblia al detective Patrick Murphy, quien le proporcionó el libro. De este modo, inició estudios bíblicos por correspondencia y, paulatinamente, fue recuperando el contacto con la religión y encontrando en la Iglesia de Cristo un mensaje de redención. El legado de su abuela revivía en él.

En aquel tiempo, su padre lo introdujo en las ideas del creacionismo, el movimiento religioso liderado por Henry Morris y John Whitcomb. Junto con su hijo, reflexionaban sobre los conceptos vertidos en el libro *The Genesis Flood*, que conciliaba una visión científica sobre el origen de la vida con el relato bíblico del Génesis.

Para Lionel, su hijo se estaba convirtiendo en una persona normal. Cuando lo visitaba, el encuentro comenzaba con un afectuoso abrazo, algo inimaginable dos años atrás. Él y Shari, su segunda esposa, eran prácticamente las únicas visitas que recibía en prisión. Su madre no iba, pero lo llamaba por teléfono los domingos por la noche.

En febrero de 1994, Jeff aceptó realizar una entrevista a cargo de Stone Phillips, el periodista presentador del programa de televisión *Dateline*, de la cadena NBC. Como resultado del encuentro, se grabó una emisión a la que no faltaron Lionel y Shari.

A lo largo de la extensa charla, se hizo un repaso de la vida de Jeff, quien tuvo la oportunidad de participar y compartir sus impresiones. Declaró que asumía la entera responsabilidad sobre los actos cometidos y exculpó a su familia y a la sociedad. Además, descartó que el consumo de revistas y de cine pornográfico hubiera sido la causa de su comportamiento criminal. Jeff aseguraba estar arrepentido. Como solía suceder en él, la expresión fría, distante y carente de emocionalidad contrastaba con los temas que abordaba. Dahmer era capaz de hablar de los hechos más atroces sin inmutarse. Este era uno de los rasgos más notables: el uso constante de un tono monocorde e inexpresivo, incluso cuando parecía dolido.

Por eso, a pesar de que sus palabras aparentaban ser sinceras, su desconexión con los sentimientos nunca dejó de despertar sospechas. Se sentía mal por las pobres familias de las víctimas. Había visto sus lágrimas durante el juicio y, de ser posible, hubiera dado su vida para devolverles a sus seres queridos. Sabía que la sociedad nunca lo perdonaría. Mucho menos, los familiares de las víctimas.

Un final predecible

El retorno a la religión tuvo un efecto revulsivo en él. Creció en su interior un profundo deseo de conversión, y pidió ser bautizado con la esperanza de acceder a un nuevo nacimiento, gracias a la fe cristiana. Con este fin, en la primavera de 1994, el ministro religioso Roy Ratcliff —graduado en la Oklahoma Christian University— aceptó ayudarlo. A partir de entonces, Ratcliff lo visitó cada semana. Vestido con una túnica, finalmente, Jeffrey fue bautizado. Si bien muchos desconfiaban de su sinceridad, según el ministro religioso, la transformación parecía radical.

Jeffrey temía estar pecando contra Dios al continuar vivo. Estaba dispuesto a morir, y aceptaría cualquier castigo al que Dios pudiera someterlo en prisión. Cuando hablaba por teléfono con su madre, cada vez que Joyce Flynt expresaba su preocupación por su bienestar físico, Jeffrey le respondía:

—No importa, mamá. No me importa si me pasa algo.

Los temores de Joyce no eran en vano. La posibilidad de un ataque rondaba a Jeff y, en julio de 1994, mientras se celebraba un servicio en la capilla de la prisión, un reo intentó cortarle la garganta con una cuchilla de afeitar de confección casera. No hubo que lamentar consecuencias por aquella tentativa. Jeffrey solo sufrió heridas superficiales, aunque tuvo que regresar al aislamiento. Osvaldo Durruthy, de origen cubano, confesó que había intentado matarlo con el objetivo de ser deportado a su país natal. Por su parte, las autoridades consideraron que había sido un incidente aislado y reincorporaron a Jeff a la vida carcelaria junto con el resto de los convictos. Por su acción, Durruthy sería condenado a cinco años más de prisión.

De regreso a la celda de la unidad comunitaria, Jeffrey continuó con las actividades de servicio. Todas las mañanas, junto con dos compañeros, se dedicaba a realizar la limpieza de los baños del gimnasio de la prisión. Hacía tres semanas que llevaba a cabo aquella tarea con Jesse Anderson, un hombre blanco condenado por matar a su esposa, y con Christopher Scarver, un afroamericano que padecía esquizofrenia y estaba encerrado por asesinato.

El 28 de noviembre de 1994, los tres reos se dirigieron a los baños para cumplir con la rutina pautada. Salvo que aquella mañana los guardias que debían vigilarlos se ausentaron durante 20 minutos. El resultado era de esperar. Cuando regresaron, encontraron a Dahmer y Anderson tumbados en el suelo, tras haber recibido una contundente paliza. Dahmer tenía la cabeza ensangrentada, terriblemente lastimada, pero todavía estaba vivo, igual que Anderson. Fueron trasladados al hospital, donde Jeffrey falleció a las 9 horas y 11 minutos de la mañana, y Anderson murió dos días después.

Christopher Scarver había golpeado a sus compañeros con una barra de metal de 50 mm sustraída de la sala de pesas del gimnasio. Durante el juicio por el asesinato de los reos, él mismo relató el desgraciado hecho.

Después de perseguir a Dahmer hasta el vestuario del personal, se había enfrentado a él. Scarver estaba muy disgustado. Llevaba la barra de metal escondida en sus pantalones y, en el bolsillo de la camisa, el recorte de un periódico sobre los asesinatos cometidos por Jeff.

Después de arrinconarlo, le mostró el papel y le preguntó si todo lo que estaba escrito en el artículo era cierto. Dahmer estaba sorprendido y respondió afirmativamente, al tiempo que intentó dirigirse hacia la puerta del vestuario. Pero Scarver lo bloqueó y no se detuvo hasta aplastarle el cráneo. A continuación fue a buscar a Anderson y arremetió contra su frente con la barra.

> —Dios me dijo que lo hiciera — agregó el joven criminal, de 25 años.

Christopher Scarver cumplía una condena de cadena perpetua por un asesinato cometido en 1990. Oriundo de Milwaukee, su historia de vida no tenía nada que envidiar a la de los otros dos reos. Después de abandonar la escuela secundaria, su madre lo había echado de casa. Con menos de 15 años, se había inscrito en el equipo del Youth Conservation Corps (YCC), un programa de capacitación para el empleo juvenil. El supervisor, Steve Lohman, le había prometido que una vez completado el programa encontraría un trabajo a tiempo completo. Pero había faltado a su palabra. Con gran descontento, Scarver le había reclamado un pago pendiente, pero Lohman no le dio la cantidad de dinero esperada. Fue motivo suficiente para que Scarver lo atacara, matándolo al instante. Sentado en la escalera del edificio de apartamentos de su novia, esperó a la policía. Fue arrestado unas horas más tarde.

Durante el juicio, el oficial encargado de su detención testificó que el acusado se había entregado sin resistencia. Sabía que lo que había hecho estaba mal. Fue condenado a cadena perpetua. Posteriormente, el 15 de mayo de 1995, Scarver sumó a su condena dos penas adicionales de cadena perpetua por los asesinatos de Dahmer y Anderson, y fue trasladado a una nueva institución carcelaria. Para McCann, el fiscal del distrito que había logrado encerrar a Dahmer, era un error considerarlo un héroe.

En 2015, Scarver habló con un periodista del diario *New York Post* sobre sus razones para matar al Caníbal de Milwaukee. En la entrevista, declaró que aborrecía a Dahmer. Argumentó que el personal de la prisión los había dejado solos a propósito; aunque esta afirmación fue desmentida por las autoridades del correccional. Alegó que estaba perturbado por los crímenes, pero también por el humor retorcido de Jeff.

> —Algunas personas que están en prisión se muestran arrepentidas, pero él no era una de ellas — afirmó.

Joyce Flint, la madre de Jeff, respondió disgustada ante la repercusión social que tuvo el homicidio de su hijo en todos los medios de prensa:

> —¿Están todos contentos, ahora que ha muerto a golpes? ¿Es lo suficientemente bueno para todos?

La reacción de algunos de los familiares de las víctimas asesinadas fue moderada, aunque la mayoría estaba satisfecha con su muerte.

Una estela que perdura más allá de la muerte

El ministro Roy Ratcliff asistió al funeral y se despidió de Jeff con afecto y reconocimiento:

> —Me confesó su gran remordimiento por los crímenes. Deseaba hacer algo para reparar su daño. Se dirigió a Dios, porque no había nadie más a quien recurrir, y mostró un gran coraje al atreverse a formular la pregunta: «¿El cielo también es para mí?». Creo que muchas personas están resentidas con él por hacerse esa pregunta. Pero se atrevió a preguntar y se atrevió a creer en la respuesta.

Posteriormente, Ratcliff escribió un libro sobre su relación con Jeff Dahmer y sus primeros pasos en el acercamiento a Dios, en el que no falta el relato de los feroces crímenes: *Dark Journey, Deep Grace: Jeffrey Dahmer's Story of Faith.*

En 1992, después de su sentencia, Jeff le trasmitió al juez:

> —Nunca quise la libertad. Francamente, quería la muerte para mí.

Más tarde le comunicó a su consejero religioso:

> —El Estado debería haberme matado por lo que hice.

La voluntad de Dahmer de unirse a la población general de la prisión creó un interrogante. Muchos se preguntaron si deliberadamente provocó su muerte estando tras las rejas. Su abogado, Gerald Boyle, creía que sí. Por eso, aseguró después del ataque fatal:

> —Dahmer tenía un deseo de muerte, y sé que no tenía la determinación necesaria para quitarse la vida, así que predije que llegaría el día en que lo matarían en prisión.

Pero este no fue el único interrogante que Jeffrey Lionel Dahmer dejó abierto. A diferencia de otros asesinos en serie, él no sufrió abusos de pequeño; tampoco fue abandonado por su padre ni librado a su suerte. Con sus limitaciones y también con impotencia, su familia estuvo presente en su vida para acompañarlo en el derrotero de su propio infierno. Entonces, ¿qué es lo que le empujó a actuar como lo hizo? ¿Fue el mal que lo aquejaba y que despertó en él la atracción por los muertos? La ciencia no tiene respuestas para estas preguntas. Lo cierto es que su vida y su muerte dejaron un rastro tanto en su familia como en la población estadounidense.

Tras el fallecimiento de Jeff, sus padres se sumieron en un pleito judicial por el destino de los restos de su hijo. Joyce quería preservar el cerebro para que fuera examinado y se pudiera determinar si los factores biológicos habían incidido en su comportamiento. En cambio, el padre quería que lo incineraran. El tribunal falló a favor de Lionel, quien llevó adelante la última voluntad de su hijo de ser incinerado después de muerto. En septiembre de 1995 el cuerpo de Dahmer finalmente se convirtió en cenizas, que fueron divididas entre sus progenitores.

Catherine Jemima Hughes Dahmer, la abuela de Jeff, falleció en West Allis, en 1992, a los 88 años. Mantuvo un contacto frecuente con su nieto, sin imaginar las aberraciones de las que era capaz hasta el día de su detención. Lionel Dahmer y su segunda esposa, Shari, profesaron amor por Jeffrey a pesar de sus crímenes y permanecieron a su lado hasta el final de sus días. Ambos se negaron a cambiar su identidad.

Shari Shin Dzhorzhan Dahmer explicó en muchas ocasiones que no se sentía avergonzada ni se consideraba culpable por los actos sanguinarios de Jeffrey. Siempre habló de Jeff con cariño y lo consideró un ser sumamente vulnerable. Por su parte David, el hermano menor de Jeffrey, cambió su apellido y siempre vivió en el anonimato.

Lionel se retiró de su carrera como químico analítico y se mudó con su esposa Shari al condado de Medina, en Ohio. En 1994, publicó el libro *A Father's Story*, y donó una parte de las ganancias a las familias de las víctimas. En él acepta su parte de responsabilidad por la conducta de Jeff, e indaga con exhaustividad sobre la personalidad de su hijo y las razones de su perversión.

La mayoría de las familias de los jóvenes bárbaramente asesinados mostraron su apoyo a Lionel y Shari, aunque dos de ellas demandaron a Lionel Dahmer por usar sus nombres en el libro de su autoría sin el consentimiento necesario. Por otra parte, Martha Hicks, madre de la primera víctima, demandó a

Lionel, Shari y Joyce por 50 millones de dólares por la negligencia demostrada como padres. Desde su perspectiva, ellos también eran responsables de la muerte de Steven, al no haberse dado cuenta de que Jeff era una amenaza.

La madre de Jeffrey falleció de cáncer en el año 2000. Antes de su muerte, había tratado de suicidarse en más de una ocasión. Su último intento había sido en 1994, cuando abrió la llave del gas del horno y dejó abierta la puerta de su habitación. Su depresión seguía aislándola y la falta de control de sus emociones continuaba afectándola. Pero nunca había dejado de amar a sus hijos.

En 2015, el Colegio de Abogados de Estados Unidos interpuso acciones legales contra Gerard Boyle, el abogado que se hizo famoso por defender asesinos en serie. La demanda se debió a recurrentes quejas de los clientes ante la falta de ética en su desempeño. Ese mismo año, el Tribunal Supremo de Wisconsin suspendió su licencia durante 60 días. Más tarde, se le retiró la licencia legal de manera definitiva por incapacidad médica para llevar a cabo su profesión. Estaba demasiado enfermo para ejercer. En 2017, tuvo que afrontar el desahucio de su casa de Mequon por parte de BMO Harris Bank por impago del préstamo hipotecario.

El dolor ocasionado por los crímenes de Dahmer también afectó profundamente a la sociedad estadounidense y su recuerdo permaneció intacto durante años en la mente de la población. La conmoción por aquellos hechos aberrantes se tradujo también en la búsqueda y eliminación de todos los vestigios de su existencia. Así, el edificio de apartamentos Oxford, situado en el número 924 de North 25th Street, donde Dahmer había matado a 12 de sus víctimas, fue demolido en noviembre de 1992 con el objetivo de convertir el lugar en un jardín conmemorativo.

En 1996, Thomas Jacobson, el abogado representante de ocho de las familias afectadas por los crímenes en serie, anunció una subasta de las pertenencias de Dahmer para recaudar hasta un millón de dólares. Reunieron todo tipo de herramientas, instrumentos y artefactos que usó para asesinar a sus víctimas, desde cuchillas, sierras y esposas hasta un frigorífico. Como respuesta, el Milwaukee Civic Pride realizó una campaña para recaudar fondos a fin de comprarlas y destruirlas. Esta asociación civil prometió reunir 407.225 dólares, incluido un regalo de 100.000 dólares para el promotor inmobiliario Joseph Zilber, que se encargaría de comprar la propiedad de Dahmer. Cinco de las ocho familias representadas por Thomas Jacobson aceptaron los términos. Las posesiones de Dahmer fueron destruidas y enterradas.

En agosto de 2012, se puso en venta la casa de la infancia de Dahmer en Bath, Ohio, donde cometió su primer asesinato en 1978 y enterró los restos de su víctima. Su propietario, el músico Chris Butler, declaró que la propiedad sería un gran hogar, siempre y cuando el comprador pudiera superar el factor del horror. Sin éxito en la venta, en marzo de 2016, Butler puso la casa en alquiler por 8.000 dólares durante la semana de la Convención Nacional Republicana. Posteriormente, la casa fue retirada del mercado.

Aun después de muerto, Jeffrey Dahmer continuó siendo objeto de estudio para la psiquiatría forense. El objetivo: profundizar las investigaciones de los perfiles criminales de los asesinos en serie. En particular, el avance de la neuropsiquiatría posibilitó nuevas interpretaciones en torno a la enfermedad que sufría. En las investigaciones más recientes, se ha diagnosticado que padecía Asperger, un desorden dentro del espectro autista. Hasta el presente, no cesa la labor interdisciplinaria de diversas áreas de la salud mental en el intento de desvelar el misterio de sus motivaciones y trascender la dicotomía entre el bien y el mal.

PERFIL CRIMINAL

Nacimiento: West Allis, Milwaukee, 21 de mayo de 1960.

Nombre: Jeffrey Lionel Dahmer

Infancia y juventud: hijo de Joyce Flynt y Lionel Herbert Dahmer, desde pequeño coleccionaba animales muertos que sometía a procesos químicos de conservación. Después de graduarse en Revere High School, intentó cursar sin éxito estudios universitarios.

Perfil: atormentado por su orientación homosexual, trató de ocultar sus deseos por otros hombres para preservarse de la culpa, la discriminación y el castigo social.

Perfil psicológico: personalidad antisocial, con tendencia temprana al aislamiento. Le diagnosticaron los siguientes desórdenes: trastorno límite de la personalidad, trastornos esquizotípico y psicótico, parafilia, necrofilia y dependencia del alcohol. Sin embargo, en el juicio se consideró que actuaba en su sano juicio a la hora de matar.

Tipo de víctimas: jóvenes negros que recorrían los bares gays en busca de compañía.

Crímenes: asesinó, descuartizó y canibalizó a 17 hombres.

Modus operandi: seducía a sus víctimas con dinero y los invitaba a realizar sesiones fotográficas. Les servía una bebida con un somnífero y cuando se dormían los estrangulaba, cortaba su cuello con un cuchillo o perforaba su cráneo para inyectarles ácido o agua hirviendo. Después de muertos, se masturbaba o les practicaba sexo. Por último, descuartizaba los cadáveres, en ocasiones comía algunos de sus órganos y conservaba los cráneos y esqueletos como recuerdos.

Condena: sentenciado a cadena perpetua el 1 de mayo 1992, se lo trasladó al Instituto Correccional de Columbia donde permaneció hasta su muerte, el 28 de noviembre de1994, cuando el reo Christopher Scarver lo asesinó.

Bibliografía

Barbard, Ian. *The Racialization of Sexuality: The Queer Case of Jeffrey Dahmer.* Chapman University Digital Commons, 2000

Bennett, K. A. «Victim Selection in the Jeffrey Dahmer Slayings: An Example of Repetition in the Paraphilias». Journal of Forensic Sciences, JFSCA, Vol. 38, Nº 5, 1993, pp. 1227-1232

Dahmer, Lionel. *A Father's Story.* Warner Books, 1995

Davis, Donald A. *The Jeffrey Dahmer Story: An American Nightmare.* St. Martin's Publishing Group, 1991

Greig, Charlotte, y Marlowe, John. *Serial Killers and Psychopaths: True Life Cases that Shocked the World.* Arcturus Publishing Ltd., 2015

Instinto Criminal: la escalofriante historia de los asesinos en serie más conocidos. Penguin Random House Grupo Editorial, 2013

Masters, Brian. *The Shrine of Jeffrey Dahmer.* Coronet Books, 1993

Purcell, Catherine E., y Arrigo, Bruce A. *The Psychology of Lust Murder: Paraphilia, Sexual Killing and Serial Homicide.* Elsevier, 2006

Ratcliff, Roy. *Dark Journey, Deep Grace: Jeffrey Dahmer's Story of Faith.* Leafwood Publishers, 2006

Ressler, Robert K., y Schachtman, Tom. *Dentro del Monstruo: un intento de comprender a los asesinos en serie.* Alba Editorial, 2010

Rosewood, Jack. *Jeffrey Dahmer: A Terrifying True Story of Rape, Murder & Cannibalism: Vol. 1 (The Serial Killer Books).* CreateSpace Independent Publishing Platform, 2017

Schwartz, A. E. *The man who could not kill enough: The secret murders of Milwaukee's Jeffrey Dahmer.* Birch Lane Press, 1992

Silva, J. A., Ferrari, M. M., y Leong, G. B. «The case of Jeffrey Dahmer: Sexual serial homicide from a neuropsychiatric developmental perspective». Journal of Forensic Science, Vol. 47, Nº 6, 2002

Strubel, Abigail. «Jeffrey Dahmer: His Complicated, Comorbid Psychopathologies and Treatment Implications». The New School Psychology Bulletin, Vol. 5, Nº 1, 2007

TÍTULOS DE LA COLECCIÓN

TED BUNDY
LA MENTE DEL MONSTRUO

***

JOHN WAYNE GACY
EL PAYASO ASESINO

***

DENNIS RADER
BTK: ATAR, TORTURAR Y MATAR

***

ANDRÉI CHIKATILO
EL CARNICERO DE ROSTOV

***

HENRY LEE LUCAS
EL PSICÓPATA SÁDICO

***

AILEEN WUORNOS
LA DONCELLA DE LA MUERTE

***

CHARLES MANSON
LA NOCHE DE LA MASACRE

***

EL ASESINO DEL ZODÍACO
UN ACERTIJO SIN RESOLVER

***

ANDREW CUNANAN
EL ASESINO DE VERSACE

***

JEFFREY DAHMER
EL CANÍBAL DE MILWAUKEE

ALEXANDER PICHUSHKIN
EL ASESINO DEL AJEDREZ

***

PEDRO ALONSO LÓPEZ
EL MONSTRUO DE LOS ANDES

***

HAROLD SHIPMAN
EL DOCTOR MUERTE

***

ARQUÍMEDES PUCCIO
EL SINIESTRO LÍDER DEL CLAN

***

GILBERTO CHAMBA
EL MONSTRUO DE MACHALA

***

MARY BELL
LA NIÑA ASESINA

***

DONATO BILANCIA
EL ASESINO DEL TREN

***

JACK EL DESTRIPADOR
EL TERROR DE WHITECHAPEL

***

MANUEL DELGADO VILLEGAS
EL ARROPIERO: UN PSICÓPATA NECRÓFILO

***

JEAN-CLAUDE ROMAND
EL PARRICIDA MITÓMANO

www.ingramcontent.com/pod-product-compliance
Lightning Source LLC
LaVergne TN
LVHW050539100826
845148LV00002B/610